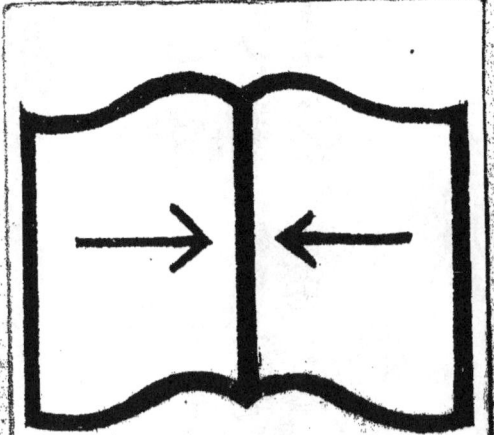

RELIURE SERREE
Absence de marges intérieures

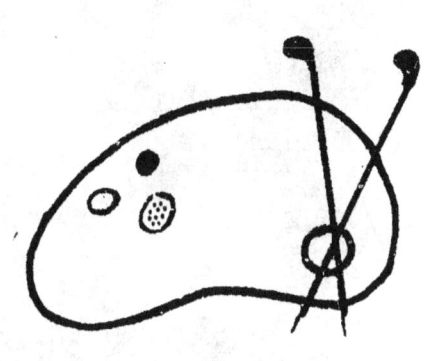

Couvertures supérieure et inférieure en couleur

VALABLE POUR TOUT OU PARTIE DU DOCUMENT REPRODUIT

EDWARD BULWER, LORD LYTTON

LA RACE FUTURE

PRÉFACE PAR

RAOUL FRARY

PARIS

E. DENTU, ÉDITEUR

LIBRAIRE DE LA SOCIÉTÉ DES GENS DE LETTRES

3, PLACE DE VALOIS

PUBLICATIONS RÉCENTES DE LA LIBRAIRIE E. DENTU

ALFRED ASSOLANT
Désirée. 1 vol...... 3 50
Lés. 1 vol........ 3 50
Le plus hardi des Gueux.
  1 vol............ 3 50
Nini. 1 vol........ 3 50
Plantagenet. 2 vol... 7 »
Le Puy de Monchal. 1 v. 3 50
La fête de Champlebrac.
  2 vol............ 7 »
L'Aventurière. 2 vol.. 7 »

ALBERT BATAILLE
Causes criminelles et
  mondaines 8 vol., cha-
  que vol........... 3 50

FÉLICIEN CHAMPSAUR
Le Massacre. 1 vol.... 3 50
Le Cerveau de Paris.
  1 vol............ 3 50

CH. CHINCHOLLE
Le Catalogue de l'A-
  mour. 1 vol......... 3 »
Le Vieux Général. 1 vol. 3 »

LÉON CLADEL
Héros et Pantins. 1 vol. 3 50
Effigies d'Inconnus. 1 v. 3 50

EDMOND DESCHAUMES
Toujou Bibi. 1 vol.... 3 »
Le Mal du Théâtre. 1 v. 3 50

MAURICE DRACK
La Goutte de Sang. 1 v. 3 »
Tainqueballe. 1 vol... 3 »

AUGUSTIN GALOPIN
Le Parfum de la Femme.
  1 vol............ 3 50
Les Hystériques. 1 vol. 3 50

J. DE GASTYNE
La Femme nue. 1 vol.. 3 »
Bagnard. 1 vol...... 3 »
L'Isolé et la Bande. 1 v. 3 50
Flagrants délits. 2 vol. 3 50

BOURIEAU-DESMON
Dames d'autrefois...
  1 vol............ 3 50

GOURDON DE GENOUILLAC
Roman d'une Bour-
  geoise. 1 vol....... 3 »
Le Roi rouge. 1 vol... 3 »

ROBERT HALT
Crevé-garçon. 1 vol... 3 »
Marianne. 1 vol...... 3 »
Les Infortunes d'un
  Gentilhomme. 1 vol.. 3 »

ALEXANDRE HEPP
Anges Parisiens. 1 vol. 3 50
Paris patraque. 1 vol. 3 50
Paris tout nu. 1 vol... 3 50

LOUIS JACOLLIOT
Voyages au pays des
  Bayadères, etc. 12 vol.
  se vendant séparém.. 4 »

ARMAND LAPOINTE
L'Enjoleuse. 1 vol.... 3 »
Mémoires de Valentin.
  1 vol............ 3 »

LEMERCIER DE NEUVILLE
Arrivé par les femmes.
  1 vol............ 3 »

HENRI LERICHE
La Belle Machine. 1 v. 3 »
L'Honneur de Suzanne.
  1 vol............ 3 »

HENRI LEVERDIER
Mme D. K. T., post res-
  tante. 1 vol....... 3 »

PRINCE LUBOMIRSKI
Chaste et Traînée. 1 vol. 3 »

MARION
.... 3 50
.... 3 50
Le Chanteur romain.
  1 vol............ 3 50
Paroisse lâchée. 1 vol. 3 50
La Marche sur Cayen-
  ton. 1 vol......... 3 50
Un Comédien américain.
  1 vol............ 3 50

BERTIE MARRIOTT
Un Parisien au Mexique.
  1 vol............ 3 50

ADRIEN MARX
Emplois divers. 1 vol.. 3 50

LOUIS MORIN
Les Mannequins humains.
....
....
....

ÉMILE D'ACHONNE
Les Amours d'une Fem-
  me du Monde. 1 vol. 3 50
La ....

LOUIS NOËL
Le Noir et le Bleu. 1 v. 3 »

EUGÈNE MONET
La petite Kate. 1 vol... 3 »
La Révoltée. 1 vol.... 3 »

ARNOLD MORTIER
Les Soirées de l'Or-
  chestre. 9 vol..... 3 »

LOUIS NICOLARDOT
La Fontaine et la Comé-
  die humaine. 1 vol.. 7 »
Ménage et Finances de
  Voltaire. 1 vol..... 7 »

PIERRE NINOUS
Le Bâtard. 2 vol...... 6 »
Sacrifice de Michelina.
  1 vol............ 3 »

RICHARD O'MONROY
Coups d'Épingle. 1 vol. 3 »

AURÉLIEN SCHOLL
Les Amours de cinq mi-
  nutes. 1 vol....... 3 »
Fleurs d'Adultère. 1 v. 3 »
Mémoires du Trottoir.
  1 vol............ 3 »
L'Orgie Parisienne. 1 v. 3 »
Les Scandales du jour.
  1 vol............ 3 »
Folies de las Capitales
  filtrées (illustré). 1 v. 10 »

SOURBÉ
Le Tir de chasse rai-
  sonné et le Dressage
  du chien d'arrêt. 1 vol. 3 50

PIERRE VÉRON
Allons-y gaiement. 1 v. 3 »
Les Araignées de mon
  Plafond........... 3 »
L'Art de vivre Cent ans. 3 50
La Chaîne des Dames. 3 50
Galop général....... 3 »
Paris-Viveur........ 3 50
De vous à moi. 1 vol.. 3 »
Le Tir aux Oiseaux. 1v. 3 50
Le Amour de Panel... 3 »
Boutique de Plâtres. 1 v. 3 »
Propos d'un boulevar-
  dier. 1 vol........ 3 50

VIOLETTE CL. VENTO
L'Art de la Toilette.
  1 vol. in-8, illustré.. 6 »
Les grandes Dames d'au-
  jourd'hui. 1 vol. gr. in-8
  illustré.......... 20 »
Couronne d'épines. 1 v. 3 »

Le Décaméron

10 jolis volumes, illustrés, de Contes et de Nouvelles, par les plus célèbres auteurs
contemporains. Chaque volume 6 fr.

Bibliothèque choisie des Romans contemporains, à 1 fr. le vol.
Bibl. choisie des chefs-d'œuvre franc. et étr., à 1 fr. le vol.

PARIS. — IMP. NOIZETTE

LA
RACE FUTURE.

TOUS DROITS RÉSERVÉS.

EDWARD BULWER, LORD LYTTON.

LA
RACE FUTURE.

PRÉFACE

PAR

RAOUL FRARY.

PARIS

E. DENTU, ÉDITEUR

LIBRAIRE DE LA SOCIÉTÉ DES GENS DE LETTRES

3, PLACE DE VALOIS, PALAIS-ROYAL

—

1888

DÉDIÉ

A

MAX MÜLLER

EN TÉMOIGNAGE DE RESPECT ET D'ADMIRATION.

PRÉFACE.

Le livre que nous avons sous les yeux est bien un roman, mais ce n'est pas un roman comme les autres, car l'auteur s'est proposé de nous raconter non ce qui aurait pu arriver hier, ou autrefois, mais ce qui pourrait bien arriver dans quelques siècles. Les mœurs qu'il dépeint ne sont pas les nôtres, ni celles de nos ancêtres, mais celles de nos descendants. Il imagine bien une petite fable à la Jules Verne, et feint de supposer que la « Race future » existe dès maintenant sous terre et n'attend, pour paraître à la lumière du soleil et pour nous exterminer, que l'heure où elle trouvera son habitation actuelle trop étroite. Mais cet artifice de narration ne trompe personne, et il est évident que Bulwer Lytton a voulu nous donner une idée de la façon de vivre et de penser de nos arrière-neveux.

C'est là une ambition légitime, quoique l'entreprise soit singulièrement hardie. Il est permis de chercher à deviner ce que l'avenir réserve à notre espèce. On connaît le chemin qu'elle a parcouru; on peut dire où elle va. Sans doute on risque fort de se tromper, mais un romancier ne répond pas de l'exactitude de ses tableaux et de ses récits; on ne lui demande qu'un peu de vraisemblance. Quelquefois même on est moins exigeant et l'on se contente d'être amusé. Les *Voyages de Gulliver* manquent absolument de vraisemblance, ce qui ne les empêche pas d'être un chef-d'œuvre souvent imité, jamais égalé. Il est vrai que les fictions de Swift ne sont que des vérités déguisées et grossies, et qu'il a écrit sous une forme divertissante la plus amère satire qu'on ait jamais faite d'un peuple, d'un siècle, et même du genre humain.

L'auteur de la « Race future » a dû penser à son illustre devancier, car son héros est, chez les hommes du vingt-cinquième ou du trentième siècle, ce que Gulliver lui-même est chez les chevaux du pays des Houyhnms, le représentant d'une civilisation inférieure, un barbare ignorant et corrompu en excursion chez les sages. Il y a seulement cette différence que les chevaux de Swift ne sont que vertueux et heureux, tandis que les « Vril-ya » de Bulwer sont, en outre, fort savants. La vertu et le bonheur ne nous donneraient plus l'idée d'une supériorité complète si l'on n'y joignait une grande puissance industrielle fondée sur une connaissance approfondie des secrets de la nature. Le monde a marché, depuis le temps de la reine Anne, et on ne se moque plus des émules de Newton; c'est au contraire sur eux que l'on compte pour changer la face des choses.

Mais il est bien malaisé d'imaginer des hommes infiniment plus savants que nous : les grandes découvertes ne se devinent qu'à moitié. Il est, au contraire, facile d'imaginer des hommes meilleurs que nous; les modèles abondent sous nos yeux, et le peintre de l'idéal trouve dans la réalité tous les éléments du tableau qu'il veut tracer. Quand Bulwer suppose que nos descendants seront maîtres d'un agent infiniment plus subtil et plus fort que l'électricité, et qu'ils auront perfectionné l'art de construire des automates jusqu'à peupler leurs habitations de domestiques en métal, on est tenté de le trouver bien téméraire. Mais quand il nous montre une société où la guerre est inconnue, où personne n'est pauvre, ni avide de richesses, ni ambitieux, où l'on ne sait ce que c'est qu'un malfaiteur, nous demeurons tous d'accord que c'est là une société parfaite. Malheureusement l'auteur ne prouve pas que les merveilleux progrès scientifiques qu'il est permis d'espérer doivent avoir pour conséquence un progrès non moins admirable de la moralité humaine, ni que les hommes soient assurés de devenir plus raisonnables que nous quand ils seront devenus bien plus savants.

Comme un roman n'est pas une démonstration, l'auteur n'était pas obligé de nous persuader que les choses se passeront exactement comme il l'admet. Il aurait d'ailleurs pu répondre que l'humanité est libre et qu'elle fera peut-être de sa liberté un excellent usage. Il n'affirme pas qu'elle sera un jour aussi raisonnable qu'il dépeint les Vril-ya : mais cela dépend d'elle, et il appartient aux philosophes de bien tracer le tableau d'une idéale félicité pour l'encourager à marcher d'un pas plus rapide dans la voie qui y conduit.

Assurément Bulwer a voulu nous représenter un état de civilisation où les hommes jouiraient de la plus grande somme de bonheur que comporte leur condition mortelle ; il a voulu aussi nous apprendre quelles sont les conditions de cet état supérieur, sur quelles institutions et sur quelles croyances doit être fondée la cité de ses rêves. Il a écrit son Utopie, comme tant d'autres, comme Platon, comme Thomas Morus, comme Fénelon, comme Fourier. Il n'a pas non plus échappé aux pièges où sont tombés ses devanciers. Il n'accomplit que la moitié de sa tâche, et nous donne bien l'idée d'une humanité parfaitement sage, mais non d'une humanité parfaitement heureuse.

Les Vril-ya ont peu de besoins, et la satisfaction de leurs besoins leur coûte peu d'efforts ; l'outillage de l'industrie est si perfectionné, que le travail est réservé aux seuls enfants. Les adultes n'ont rien à faire, pas de luttes à soutenir, pas de dangers à éviter. Ils se promènent ; ils causent ; ils se réunissent dans des festins où règne la sobriété ; ils entendent de la musique et respirent des parfums. Comme ils doivent s'ennuyer ! Ils n'ont ni les émotions de la guerre, ni les plaisirs de la chasse, car ils sont trop doux pour s'amuser à tuer des bêtes inoffensives. Ceux d'entre eux qui ont l'esprit aventureux peuvent fonder des colonies, mais ils ne courent aucun risque, et, d'ailleurs, la place finira par leur manquer. Ou bien ils s'appliquent à inventer des machines nouvelles et à faire avancer la science, ce qui ne doit pas être à la portée de tout le monde, dans une civilisation déjà si savante et si bien outillée. Ils n'ont même pas une littérature très florissante et sont obligés de relire les anciens auteurs, pour y trouver la peinture des passions dont ils sont exempts, des conflits qui ne sont plus de leur siècle. Cette tranquillité d'âme se reflète sur leur visage qui a quelque chose d'auguste et de surhumain, comme le visage des dieux antiques; ce sont des hommes de marbre. Ils ne vivent pas.

Des hommes médiocres ont pu décrire l'enfer d'une manière saisissante; le génie même est impuissant à donner une idée du paradis, qu'on le place sur cette terre ou dans une autre vie. C'est que le bonheur suppose l'effort et la lutte : or il n'y a pas d'effort sans obstacle, de lutte sans adversaire. Nous ne pouvons pas, tels que nous sommes, imaginer la félicité dans le repos perpétuel, sans combat et sans risque, c'est-à-dire sans le mal. Une société pourvue d'institutions et de mœurs idéales, supprimant ou réduisant à l'extrême le risque et le mal, assurerait à ses membres un bonheur que notre raison peut à la rigueur concevoir, mais qui échappe complètement à notre imagination. Supprimez par la pensée le chien, le loup et le boucher; supposez un printemps perpétuel et des prés toujours verts sous un soleil toujours modéré : les moutons ne nous ferons pas encore envie. Or on a beau faire : il y a toujours dans le paradis un peu de moutonnerie, même quand on y met beaucoup de musique, beaucoup de parfums, et toutes les merveilles de la mécanique.

Parfois, quand nous sommes fatigués, quand nous sommes indignés, quand nous sommes découragés, nous rêvons un monde meilleur, où le travail soit facile, où l'on n'éprouve point de désir qui ne soit satisfait, et d'où l'injustice soit rigoureusement bannie. C'est ainsi que le matelot, las d'être ballotté par les vagues, rêve les loisirs et la sécurité de la terre ferme; mais dès qu'il se sera refait, il voudra de nouveau s'embarquer; le danger et la peine l'attirent bien vite; s'il se résigne à ne plus quitter le sol, c'est qu'il est vieux et usé. Quand les années l'attacheront au rivage, il enviera le sort de ses enfants; il enviera leurs souffrances et leurs périls, leurs courtes joies et leurs longs labeurs. Il rêvera encore, mais avec tristesse, avec de poignants regrets : il rêvera au temps où il hasardait sa vie pour conquérir ce repos maintenant odieux.

Un jour, peut-être, l'humanité, assagie et pacifiée, se souviendra de nos siècles de lutte et d'agitation. Alors les jeunes gens se plaindront de n'être pas nés dans un siècle plus troublé, de ne pouvoir dépenser leur force, de ne point trouver d'adversaires à combattre, d'obstacles à vaincre, d'aventures à courir. Les hommes perfectionnés de Bulwer porteront envie aux barbares que nous sommes. Ils se plaindront, plus justement que Musset, d'être venus trop tard dans un monde trop vieux.

Si l'auteur de « la Race future » n'a pas mieux réussi que ses illustres devanciers à exciter notre enthousiasme en faveur de cet idéal qui ne reste séduisant que quand il reste vague, qui pâlit et s'efface dès qu'on veut l'enfermer en des contours précis, il a pourtant écrit un livre singulièrement intéressant, qui amuse l'imagination et qui fait penser. Il soulève, en passant, bien des questions ; il pose bien des problèmes : s'il ne les résout pas toujours à notre gré, il nous donne du moins le plaisir de voyager rapidement à travers les idées, les systèmes, les théories de la morale. Ajoutons que, dans un temps où les Anglais paraissent enclins à admirer presque exclusivement les triomphes de la force et les exploits de la conquête, on est heureux de voir passer dans notre langue un livre écrit par un illustre écrivain anglais, pour tracer et faire aimer l'image d'une civilisation fondée sur la justice, la paix et la fraternité.

RAOUL FRARY.

LA RACE FUTURE.

I.

Je suis né à ***, dans les États-Unis d'Amérique. Mes aïeux avaient émigré d'Angleterre sous le règne de Charles II et mon grand-père se distingua dans la Guerre de l'Indépendance. Ma famille jouissait donc, par droit de naissance, d'une assez haute position sociale; comme elle était riche, ses membres étaient regardés comme indignes de toute fonction publique. Mon père se présenta une fois aux élections pour le Congrès : il fut battu d'une façon éclatante par son tailleur. Dès lors il se mêla peu de politique et vécut surtout dans sa bibliothèque. J'étais l'aîné de trois fils et je fus envoyé à l'âge de seize ans dans la mère patrie, pour compléter mon éducation littéraire et aussi pour commencer mon éducation commerciale dans une maison de Liverpool. Mon père mourut quelque temps après mon vingt et unième anniversaire; j'avais de la fortune et du goût pour les voyages et les aventures; je renonçai donc pendant quelques années à la poursuite du tout-puissant dollar, et je devins un voyageur errant sur la surface de la terre.

Dans l'année 18.., me trouvant à ***, je fus invité par un ingénieur, dont j'avais fait la connaissance, à visiter les profondeurs de la mine de ***, dans laquelle il était employé.

Le lecteur comprendra, avant la fin de ce récit, les raisons qui m'empêchent de désigner plus clairement ce district, et me remerciera sans nul doute de m'être abstenu de toute description qui pourrait le faire reconnaître.

Permettez-moi donc de dire, le plus brièvement possible, que j'accompagnais l'ingénieur dans l'intérieur de la mine; je fus si étrangement fasciné par ses sombres merveilles, je pris tant d'intérêt aux explorations de mon ami, que je prolongeai mon séjour dans le voisinage, et descendis chaque jour dans la mine, pendant plusieurs semaines, sous les voûtes et les galeries creusées par l'art et par la nature dans les entrailles de la terre. L'ingénieur était persuadé qu'on trouverait de nouveaux filons bien plus riches dans un nouveau puits qu'il faisait creuser. En forant ce puits, nous arrivâmes un jour à un gouffre dont les parois étaient dentelées et calcinées, comme si cet abîme eût été ouvert à quelque période éloignée par une éruption volcanique. Mon ami s'y fit descendre dans une cage, après avoir éprouvé l'atmosphère au moyen d'une lampe de sûreté. Il y demeura près d'une heure. Quand il remonta, il était excessivement pâle et son visage présentait une expression d'anxiété pensive, bien différente de sa physionomie ordinaire, qui était ouverte, joyeuse et hardie.

Il me dit en deux mots que la descente lui paraissait dangereuse et ne devait conduire à aucun résultat; puis, suspendant les travaux de ce puits, il m'emmena dans les autres parties de la mine.

Tout le reste du jour mon ami me parut préoccupé par une idée qui l'absorbait. Il se montrait taciturne, contre son habitude, et il y avait dans ses regards je ne sais quelle épouvante, comme s'il avait vu un fantôme. Le soir, nous étions assis seuls dans l'appartement que nous occupions près de l'entrée de la mine, et je lui dis : —

— Dites-moi franchement ce que vous avez vu dans le gouffre. Je suis sûr que c'est quelque chose d'étrange et de terrible. Quoi que ce soit, vous en êtes troublé. En pareil cas, deux têtes valent mieux qu'une. Confiez-vous à moi.

L'ingénieur essaya longtemps de se dérober à mes questions; mais, tout en causant, il avait recours au flacon d'eau-de-vie avec une fréquence tout à fait inaccoutumée, car c'était un homme très sobre, et peu à peu sa réserve cessa. Qui veut garder son secret devrait imiter les animaux et ne boire que de l'eau.

— Je vais tout vous dire, — s'écria-t-il enfin. — Quand la cage s'est arrêtée, je me suis trouvé sur une corniche de rocher; au-dessous de moi, le gouffre, prenant une direction oblique, s'enfonçait à une profondeur considérable, dont ma lampe ne pouvait pénétrer l'obscurité. Mais, à ma grande surprise, une lumière immobile et éclatante s'élevait du fond de l'abîme. Était-ce un volcan? J'en aurais certainement senti la chaleur. Pourtant il importait absolument à notre commune sécurité d'éclaircir ce doute. J'examinai les pentes du gouffre et me convainquis que je pouvais m'y hasarder, en me servant des anfractuosités et des crevasses du roc, du moins pendant un certain temps. Je quittai la cage et me mis à descendre. A mesure que je me rapprochais de la lumière, le gouffre s'élargissait, et je vis enfin, avec un étonnement que je ne puis vous décrire, une grande route unie au fond du précipice, illuminée, aussi loin que l'œil pouvait s'étendre, par des lampes à gaz placées à des intervalles réguliers, comme dans les rues de nos grandes villes, et j'entendais au loin comme un murmure de voix humaines. Je sais parfaitement qu'il n'y a pas d'autres mineurs que nous dans ce district. Quelles étaient donc ces voix? Quelles mains humaines avaient pu niveler cette route et allumer ces lampes? La croyance superstitieuse, commune à presque tous les mineurs, que les entrailles de la terre sont habitées par des gnomes ou des démons commençait à s'emparer de moi. Je frissonnais à la pensée de descendre plus bas et de braver les habitants de cette vallée intérieure. Je n'aurais d'ailleurs pu le faire, sans cordes, car, de l'endroit où je me trouvais jusqu'au fond du gouffre, les parois du rocher étaient droites et lisses. Je revins sur mes pas avec quelque difficulté. C'est tout.

— Vous redescendrez?

— Je le devrais, et cependant je ne sais si j'oserai.

— Un compagnon fidèle abrège le voyage et double le courage. J'irai avec vous. Nous prendrons des cordes assez longues et assez fortes.... et.... excusez-moi.... mais vous avez assez bu ce soir. Il faut que nos pieds et nos mains soient fermes demain matin.

II.

Le lendemain matin les nerfs de mon ami avaient repris leur équilibre et sa curiosité n'était pas moins excitée que la mienne. Peut-être l'était-elle plus : car il croyait évidemment ce qu'il m'avait raconté, et j'en doutais beaucoup; non pas qu'il fût capable de mentir de propos délibéré, mais je pensais qu'il s'était trouvé en proie à une de ces hallucinations, qui saisissent notre imagination ou notre système nerveux, dans les endroits solitaires et inaccoutumés, et pendant lesquelles nous donnons des formes au vide et des voix au silence.

Nous choisîmes six vieux mineurs pour surveiller notre descente; et, comme la cage ne contenait qu'une personne à la fois, l'ingénieur descendit le premier ; quand il eut atteint la corniche sur laquelle il s'était arrêté la première fois, la cage remonta pour moi. Je l'eus bientôt rejoint. Nous nous étions pourvus d'un bon rouleau de corde.

La lumière frappa mes yeux comme elle avait, la veille, frappé ceux de mon ami. L'ouverture par laquelle elle nous arrivait s'inclinait diagonalement : cette clarté me paraissait une lumière atmosphérique, non pas comme celle que donne le feu, mais douce et argentée comme celle d'une étoile du nord. Quittant la cage, nous descendîmes, l'un après l'autre, assez facilement, grâce aux fentes des parois, jusqu'à l'endroit où mon ami s'était arrêté la veille ; ce n'était qu'une saillie de roc juste assez spacieuse pour nous permettre de nous y tenir de front. A partir de cet endroit le gouffre s'élargissait rapidement, comme un immense entonnoir, et je voyais distinctement, de là, la vallée, la route, les lampes que mon compagnon m'avait décrites. Il n'avait rien exagéré. J'entendais le bruit qu'il avait entendu : un murmure confus et indescriptible de voix, un sourd bruit de pas.

En m'efforçant de voir plus loin, j'aperçus dans le lointain les contours d'un grand bâtiment. Ce ne pouvait être un roc naturel, il était trop symétrique, avec de grosses colonnes à la façon des Égyptiens, et le tout brillait comme éclairé à l'intérieur. J'avais sur moi une petite lorgnette de poche, et je pus, à l'aide de cet instrument, distinguer, près du bâtiment dont je viens de parler, deux formes qui me semblaient des formes humaines, mais je n'en étais pas sûr. Dans tous les cas, c'étaient des êtres vivants, car ils remuaient, et tous les deux disparurent à l'intérieur du bâtiment. Nous nous occupâmes alors d'attacher la corde que nous avions apportée au rocher sur lequel nous nous trouvions, à l'aide de crampons et de grappins, car nous nous étions munis de tous les instruments qui pouvaient nous être nécessaires.

Nous étions presque muets pendant ce temps. On eût dit à nous voir à l'œuvre que nous avions peur d'entendre nos voix. Ayant assujetti un bout de la corde de façon à le croire solidement fixé au roc, nous attachâmes une pierre à l'autre extrémité, et nous la fîmes glisser jusqu'au sol, qui se trouvait à environ cinquante pieds au-dessous. J'étais plus jeune et plus agile que mon compagnon, et comme dans mon enfance j'avais servi sur un navire, cette façon de manœuvrer m'était plus familière. Je réclamai à demi-voix le droit de descendre le premier afin de pouvoir, une fois en bas, maintenir le câble et faciliter la descente de mon ami. J'arrivai sain et sauf au fond du gouffre, et l'ingénieur commença à descendre à son tour. Mais il n'avait pas parcouru dix pieds, que les nœuds, que nous avions crus si solides, cédèrent; ou plutôt le roc lui-même nous trahit et s'écroula sous le poids; mon malheureux ami fut précipité sur le sol et tomba à mes pieds, entraînant dans sa chute des fragments de rocher, dont l'un, heureusement assez petit, me frappa et me fit perdre connaissance. Quand je repris mes sens, je vis que mon compagnon n'était plus qu'une masse inerte et entièrement privée de vie. Au moment où je me penchais sur son cadavre, plein d'affliction et d'horreur, j'entendis tout près de moi un son étrange tenant à la fois du hennissement et du sifflement; en me tournant d'instinct vers l'endroit d'où partait le bruit, je vis sortir d'une sombre fissure du rocher une tête énorme et terrible, les mâchoires ouvertes, et me regardant avec des yeux farouches, des yeux de spectre affamé : c'était la tête d'un monstrueux reptile, ressemblant au crocodile ou à l'alligator, mais beaucoup plus grand que toutes les créatures de ce genre que j'avais vues dans mes nombreux voyages. D'un bond je fus debout et me mis à fuir de toutes mes forces en descendant la vallée. Je m'arrêtai enfin, honteux de ma frayeur et de ma fuite et revins vers l'endroit où j'avais laissé le corps de mon ami. Il avait disparu; sans doute le monstre l'avait déjà entraîné dans son antre et dévoré. La corde et les grappins étaient encore à l'endroit où ils étaient tombés, mais ils ne me donnaient aucune chance de retour : comment les rattacher en haut du rocher? Les parois étaient trop lisses et trop abruptes pour qu'un homme y pût grimper. J'étais seul dans ce monde étrange, dans les entrailles de la terre.

III.

Lentement et avec précaution je m'en allai solitaire le long de la route éclairée par les lampes, vers le bâtiment que j'ai décrit. La route elle-même ressemblait aux grands passages des Alpes, traversant des montagnes rocheuses dont celle par laquelle j'étais descendu formait un chaînon. A ma gauche et bien au-dessous de moi, s'étendait une grande vallée, qui offrait à mes yeux étonnés des indices évidents de travail et de culture. Il y avait des champs couverts d'une végétation étrange, qui ne ressemblait en rien à ce que j'avais vu sur la terre ; la couleur n'en était pas verte, mais plutôt d'un gris de plomb terne, ou d'un rouge doré.

Il y avait des lacs et des ruisseaux qui semblaient enfermés dans des rives artificielles; les uns étaient pleins d'eau claire, les autres brillaient comme des étangs de naphte. A ma droite, des ravins et des défilés s'ouvraient dans les rochers; ils étaient coupés de passages, évidemment dus au travail et bordés d'arbres ressemblant pour la plupart à des fougères gigantesques, au feuillage d'une délicatesse exquise et pareil à des plumes; leur tronc ressemblait à celui du palmier. D'autres avaient l'air de cannes à sucre, mais plus grands et portant de longues grappes de fleurs. D'autres encore avaient l'aspect d'énormes champignons, avec des troncs gros et courts, soutenant un large dôme, d'où pendaient ou s'élançaient de longues branches minces. Par devant, par derrière, à côté de moi, aussi loin que l'œil pouvait atteindre, tout étincelait de lampes innombrables. Ce monde sans soleil était aussi brillant et aussi chaud qu'un paysage italien à midi, mais l'air était moins lourd et la chaleur plus douce. Les habitations n'y manquaient pas. Je pouvais distinguer à une certaine distance, soit sur le bord d'un lac ou d'un ruisseau, soit sur la pente des collines, nichés au milieu des arbres, des bâtiments qui devaient assurément être la demeure d'êtres humains. Je pouvais même apercevoir, quoique très loin, des formes qui paraissaient être des formes humaines s'agitant dans ce paysage. Au moment où je m'arrêtais pour regarder tout cela, je vis à ma droite, glissant rapidement dans l'air, une sorte de petit bateau, poussé par des voiles ayant la forme d'ailes. Il passa et bientôt disparut derrière les ombres d'une forêt. Au-dessus de moi il n'y avait pas de ciel, mais la voûte d'une grotte. Cette voûte s'élevait de plus en plus à mesure que le passage s'élargissait, elle finissait par devenir invisible au-dessus d'une atmosphère de nuages qui la séparait du sol.

En continuant ma route, je tressaillis tout à coup : d'un buisson qui ressemblait à un énorme amas d'herbes marines, mêlé d'espèces de fougères et de plantes à larges feuilles, comme l'aloès ou le cactus, s'élança un bizarre animal de la taille et à peu près de la forme d'un daim. Mais, comme après avoir bondi à quelques pas il se retourna pour me regarder attentivement, je m'aperçus qu'il ne ressemblait à aucune espèce de daim connue maintenant sur la terre, mais il me rappela aussitôt un modèle en plâtre, que j'avais vu dans un muséum, d'une variété de l'élan qu'on dit avoir existé avant le déluge. L'animal ne paraissait nullement farouche, car après m'avoir examiné un moment, il commença à paître sans trouble et sans crainte ce singulier herbage.

IV.

Je me trouvais alors tout à fait en vue du bâtiment. Oui, il avait bien été élevé par des mains humaines et creusé en partie dans un grand rocher. J'aurais supposé au premier coup d'œil qu'il appartenait à la première période de l'architecture égyptienne. La façade était ornée de grosses colonnes, s'élevant sur des plinthes massives et surmontées de chapiteaux que je trouvai, en les examinant de plus près, plus ornés et plus gracieux que ne le comporte l'architecture égyptienne. De même que le chapiteau corinthien imite dans ses ornements la feuille d'acanthe, le chapiteau de ces colonnes imitait le feuillage de la végétation qui les entourait, comme des feuilles d'aloès ou des feuilles de fougères. A ce moment sortit du bâtiment un être.... humain ; était-ce bien un être humain ? Debout sur la grande route, il regarda autour de lui, me vit et s'approcha. Il vint à quelques mètres de moi ; sa vue, sa présence, me remplirent d'une terreur et d'un respect indescriptibles, et me clouèrent au sol. Il me rappelait les génies symboliques ou démons qu'on trouve sur les vases étrusques, ou que les peuples orientaux peignent sur leurs sépulcres : images qui ont les traits de la race humaine et qui appartiennent cependant à une autre race. Il était grand, non pas gigantesque, mais aussi grand qu'un homme peut l'être sans atteindre la taille des géants.

Son principal vêtement me parut consister en deux grandes ailes, croisées sur la poitrine et tombant jusqu'aux genoux ; le reste de son costume se composait d'une tunique et d'un pantalon d'une étoffe fibreuse et mince. Il portait sur la tête une sorte de tiare, parée de pierres précieuses, et tenait à la main droite une mince baguette d'un métal brillant, comme de l'acier poli. Mais c'était son visage qui me remplissait d'une terreur respectueuse. C'était bien le visage d'un homme, mais d'un type distinct de celui des races qui existent aujourd'hui sur la terre. Ce dont il se rapprochait le plus par les contours et l'expression, ce sont les sphinx sculptés, dont le visage est si régulier dans sa beauté calme, intelligente, mystérieuse. Son teint était d'une couleur particulière, plus rapproché de celui de la race rouge que d'aucune autre variété de notre espèce ; il y avait cependant quelques différences : le ton en était plus doux et plus riche, les yeux étaient noirs, grands, profonds, brillants, et les sourcils dessinés presque en demi-cercle. Il n'avait point de barbe, mais je ne sais quoi dans tout son aspect, malgré le calme de l'expression et la beauté des traits, éveillait en moi cet instinct de péril que fait naître la vue d'un tigre ou d'un serpent. Je sentais que cette image humaine était douée de forces hostiles à l'homme. A mesure qu'il s'approchait, un frisson glacial me saisit, je tombai à genoux et couvris mon visage de mes deux mains.

V.

Une voix s'adressa à moi, d'un ton doux et musical, dans une langue dont je ne compris pas un mot ; cela servit pourtant à dissiper mes craintes. Je découvris mon visage et je regardai. L'étranger (j'ai de la peine à me décider à l'appeler un homme) m'examinait d'un regard qui semblait pénétrer jusqu'au fond de mon cœur. Il plaça alors sa main gauche sur mon front, et me toucha légèrement l'épaule avec la baguette qu'il tenait dans la main droite. L'effet de ce double contact fut magique. Ma terreur première fit place à une sensation de plaisir, de joie, de confiance en moi-même et en celui qui se trouvait devant moi. Je me levai et parlai dans ma propre langue. Il m'écouta avec une visible attention, mais ses regards dénotaient une légère surprise; il secoua la tête, comme pour me dire qu'il ne comprenait pas. Il me prit alors par la main et me conduisit en silence vers l'édifice. La porte était ouverte ou plutôt il n'y avait même pas de porte. Nous entrâmes dans une salle immense, des lampes y brillaient pareilles à celles de l'extérieur, mais elles répandaient ici une odeur balsamique. Le sol était pavé d'une mosaïque de grands blocs de métaux précieux et couvert en partie d'une espèce de natte. Une musique douce ondulait autour et au-dessus de nous; on eût dit qu'elle venait d'instruments invisibles et qu'elle appartenait naturellement à ce lieu, comme le murmure des eaux à un paysage montagneux, ou le chant des oiseaux aux bosquets que pare le printemps.

Une figure, plus simplement habillée que celle de mon guide, mais dans le même genre, était debout, immobile près du seuil. Mon guide la toucha deux fois avec sa baguette, et elle se mit aussitôt en mouvement glissant rapidement et sans bruit et effleurant le sol. En la regardant avec attention je vis que ce n'était pas une forme vivante, mais un automate. Deux minutes environ après qu'il eut disparu à l'autre bout de la salle, par une ouverture sans porte, à demi cachée par des rideaux, s'avança par le même chemin un jeune garçon d'environ douze ans, dont les traits ressemblaient tant à ceux de mon guide, que je jugeai sans hésiter que c'était le père et le fils. A ma vue, l'enfant poussa un cri et leva une baguette pareille à celle de mon guide, comme pour me menacer ; mais, sur un mot de son père, il la laissa retomber. Ils s'entretinrent alors un instant et, tout en parlant, m'examinaient. L'enfant toucha mes vêtements et me caressa le visage avec une curiosité évidente, en faisant entendre un son analogue au rire, mais avec une hilarité plus contenue que celle qu'exprime notre rire. Tout à coup la voûte de la chambre s'ouvrit et il en descendit une plate-forme, qui me sembla construite sur le même principe que les ascenseurs dont on se sert dans les hôtels et dans les entrepôts pour monter d'un étage à l'autre.

L'étranger plaça l'enfant et lui-même sur la plate-forme et me fit signe de l'imiter ; ce que je fis. Nous montâmes rapidement et sûrement, et nous nous arrêtâmes au milieu d'un corridor garni de portes à droite et à gauche.

Par une de ces portes, je fus conduit dans une chambre meublée avec une splendeur orientale; les murs étaient couverts d'une mosaïque de métaux et de pierres précieuses non taillées, les coussins et les divans abondaient; des ouvertures pareilles à des fenêtres, mais sans vitres, s'ouvraient jusqu'au plancher; en passant devant ces ouvertures, je vis qu'elles conduisaient à de larges balcons, qui dominaient le paysage illuminé. Dans des cages suspendues au plafond il y avait des oiseaux d'une forme étrange et au brillant plumage, qui se mirent à chanter en chœur; leur voix rappelait celle de nos bouvreuils. Des cassolettes d'or richement sculptées remplissaient l'air d'un parfum délicieux. Plusieurs automates, semblables à celui que j'avais vu, se tenaient immobiles et muets contre les murs. L'étranger me fit placer avec lui sur un divan et m'adressa de nouveau la parole; je lui répondis encore, mais sans arriver à le comprendre ou à me faire comprendre.

Je commençais alors à ressentir plus vivement que je ne l'avais fait d'abord l'effet du coup que m'avait porté l'éclat du rocher tombé sur moi.

Une sensation de faiblesse, accompagnée de douleurs aiguës et lancinantes dans la tête et dans le cou, s'empara de moi. Je tombai à la renverse sur mon siège, essayant en vain d'étouffer un gémissement. A ce moment, l'enfant, qui avait semblé me regarder avec déplaisir ou avec défiance, s'agenouilla à côté de moi pour me soutenir; il prit une de mes mains entre les siennes, approcha ses lèvres de mon front, en soufflant doucement. En un instant, la douleur cessa; un calme languissant et délicieux s'empara de moi; je m'endormis.

Je ne sais pas combien de temps je restai ainsi, mais quand je m'éveillai, j'étais parfaitement rétabli. En ouvrant les yeux j'aperçus un groupe de formes silencieuses, assises autour de moi avec la gravité et la quiétude des Orientaux; toutes ressemblaient plus ou moins à mon guide; les mêmes ailes ployées, les mêmes vêtements, les mêmes visages de sphinx, avec les mêmes yeux noirs et le teint rouge; par-dessus tout le même type, race presque semblable à l'homme, mais plus grande, plus forte, d'un aspect plus imposant, et inspirant le même sentiment indéfinissable de terreur. Cependant leurs physionomies étaient douces et calmes, et même affectueuses dans leur expression. Chose étrange ! il me semblait que c'était dans ce calme même et dans ce même air de bonté que résidait le secret de la terreur qu'ils inspiraient. Leurs visages ne présentaient pas plus ces rides et ces ombres que le souci, le chagrin, les passions et le péché impriment sur la face des hommes, que le visage des dieux de marbre de l'antiquité, ou qu'aux yeux du chrétien en deuil n'en montre le front paisible des morts.

Je sentis sur mon épaule la chaleur d'une main ; c'était celle de l'enfant. Il y avait dans ses yeux une sorte de pitié, de tendresse, comme celle qu'on peut ressentir à la vue d'un oiseau ou d'un papillon blessés. Je me détournai à ce contact.... j'évitai ces yeux. Je sentais vaguement que, s'il l'avait voulu, l'enfant aurait pu me tuer aussi aisément qu'un homme tue une mouche ou un papillon. L'enfant parut peiné de ma répugnance ; il me quitta et alla se placer près d'une fenêtre. Les autres continuèrent à parler à voix basse et, à leurs regards, je pus m'apercevoir que j'étais l'objet de leur conversation. L'un d'eux, entre autres, semblait proposer avec insistance quelque chose sur mon compte à celui que j'avais d'abord rencontré et, par ses gestes, celui-ci semblait près d'acquiescer, quand l'enfant quitta tout à coup son poste près de la fenêtre, se plaça entre moi et les autres, comme pour me protéger, et parla rapidement et avec animation. Par une sorte d'intuition et d'instinct, je sentis que l'enfant que j'avais d'abord craint plaidait en ma faveur. Avant qu'il eût fini, un autre étranger entra dans la chambre. Il me parut plus âgé que les autres, mais non pas vieux ; sa physionomie, moins calme et moins sereine que celle des autres, quoique les traits fussent aussi réguliers, me semblait plus rapprochée de celle de ma propre race. Il écouta tranquillement ce qui lui fut dit, d'abord par mon guide, ensuite par deux autres, et enfin par l'enfant ; puis il se tourna et s'adressa à moi, non par des paroles, mais par des signes et des gestes. Je crus le comprendre, et je ne me trompai pas. Il me demandait d'où je venais. J'étendis le bras et montrai la route que j'avais suivie; tout à coup une idée me vint. Je tirai mon portefeuille et esquissai sur une des pages blanches un dessin grossier de la corniche de rocher, de la corde et de ma propre descente; puis je dessinai au-dessous le fond du gouffre, la tête du reptile, et la forme inanimée de mon ami. Je donnai cet hiéroglyphe primitif à celui qui m'interrogeait; après l'avoir examiné gravement, il le donna à son plus proche voisin, et mon esquisse fit ainsi le tour du groupe. L'être que j'avais d'abord rencontré dit alors quelques mots, l'enfant s'approcha et regarda mon dessin, fit un signe de tête, comme pour dire qu'il en comprenait le sens et, retournant à la fenêtre, il étendit ses ailes, les secoua une ou deux fois, et se lança dans l'espace. Je bondis dans un mouvement de surprise et courus à la fenêtre. L'enfant était déjà dans l'air, supporté par ses ailes qu'il n'agitait pas, comme font les oiseaux; elles étaient élevées au-dessus de sa tête et semblaient le soutenir sans aucun effort de sa part. Son vol me paraissait aussi rapide que celui d'un aigle ; je remarquai qu'il se dirigeait vers le roc d'où j'étais descendu et dont les contours se distinguaient dans la brillante atmosphère. Au bout de peu de minutes, il était de retour, entrant par l'ouverture d'où il était parti et jetant sur le sol la corde et les grappins que j'avais abandonnés dans ma descente. Quelques mots furent échangés à voix basse ; un des êtres présents toucha un automate qui se mit aussitôt en mouvement et glissa hors de la chambre ; alors le dernier venu, qui s'était adressé à moi par gestes, se leva, me prit par la main, et me conduisit dans le couloir. La plate-forme sur laquelle j'étais monté nous attendait ; nous nous y plaçâmes et nous descendîmes dans la première salle où j'étais entré. Mon nouveau compagnon, me tenant toujours par la main, me conduisit dans une rue (si je puis l'appeler ainsi) qui s'étendait au delà de l'édifice, avec des bâtiments des deux côtés, séparés les uns des autres par des jardins tout brillants d'une végétation richement colorée et de fleurs étranges. Au milieu de ces jardins, que divisaient des murs peu élevés, ou sur la route, un grand nombre d'autres êtres, semblables à ceux que j'avais déjà vus, se promenaient gravement. Quelques-uns des passants, dès qu'ils me virent, s'approchèrent de mon guide; et leurs voix, leurs gestes, leurs regards prouvaient qu'ils lui adressaient des questions sur mon compte. En peu d'instants une véritable foule nous entourait, m'examinant avec un vif intérêt comme si j'étais quelque rare animal sauvage. Même en satisfaisant leur curiosité, ils conservaient un maintien grave et courtois; et sur quelques mots de mon guide, qui semblait prier qu'on nous laissât libres, ils se retirèrent avec une majestueuse inclination de tête et reprirent leur route avec une tranquille indifférence. Au milieu de cette rue nous nous arrêtâmes devant un bâtiment qui différait de ceux que nous avions rencontrés jusque-là, en ce qu'il formait trois côtés d'une cour, aux angles de laquelle s'élevaient de hautes tours pyramidales; dans l'espace ouvert se trouvait une fontaine circulaire de dimensions colossales, lançant une gerbe éblouissante d'un liquide qui me parut être du feu. Nous entrâmes dans ce bâtiment par une ouverture sans porte, et nous nous trouvâmes dans une salle immense où il y avait plusieurs groupes d'enfants, tous employés, me sembla-t-il, à divers travaux, comme dans une grande manufacture. Dans le mur, une énorme machine était en mouvement avec ses roues et ses cylindres; elle ressemblait à nos machines à vapeur, si ce n'est qu'elle était ornée de pierres précieuses et de métaux et qu'elle paraissait émettre une pâle atmosphère phosphorescente de lumière changeante. Beaucoup de ces enfants travaillaient à quelque besogne mystérieuse près de cette machine, les autres étaient assis devant des tables. Je ne pus rester assez longtemps pour examiner la nature de leurs travaux. On n'entendait pas une voix; pas un des jeunes visages ne se tourna vers nous. Ils étaient tous aussi tranquilles et aussi indifférents que pourraient l'être des spectres au milieu desquels passeraient inaperçues des formes vivantes.

En quittant cette salle, mon compagnon me conduisit dans une galerie garnie de panneaux richement peints; les couleurs étaient mélangées d'or d'une façon barbare, comme les peintures de Louis Cranach. Les sujets de ces tableaux me parurent rappeler les événements historiques de la race au milieu de laquelle je me trouvais. Dans tous il y avait des personnages, dont la plupart étaient semblables à ceux que j'avais déjà vus, mais non pas tous habillés de la même façon, ni tous pourvus d'ailes. Il y avait aussi des effigies de divers animaux et d'oiseaux qui m'étaient complètement inconnus ; l'arrière-plan de ces tableaux représentait des paysages ou des édifices. Autant que me permettait d'en juger ma connaissance imparfaite de l'art de la peinture, ces tableaux me paraissaient d'un dessin très exact et d'un très riche coloris ; mais les détails n'en étaient pas distribués d'après les règles de composition adoptées par nos artistes : on peut dire qu'ils manquaient d'unité ; de sorte que l'effet était vague, confus, embarrassant ; on eût dit les fragments hétérogènes d'un rêve d'artiste.

Nous entrâmes alors dans une chambre de dimension moyenne, dans laquelle était assemblée, comme je l'appris plus tard, la famille de mon guide; tous étaient assis autour d'une table garnie comme pour le repas. Les formes qui y étaient groupées étaient la femme de mon guide, sa fille et ses deux fils. Je reconnus aussitôt la différence entre les deux sexes, bien que les deux femmes fussent plus grandes et plus fortes que les hommes, et leurs physionomies, peut-être encore plus symétriques de lignes et de contours, n'avaient ni la douceur, ni la timidité d'expression qui donne tant de charmes à la physionomie des femmes qu'on voit là-haut sur la terre. La femme n'avait pas d'ailes, la fille avait des ailes plus longues que celle des hommes.

Mon guide prononça quelques mots, et toutes les personnes assises se levèrent et, avec cette douceur particulière de regards et de manières que j'avais déjà remarquée et qui est vraiment l'attribut commun de cette race formidable, elles me saluèrent à leur façon, c'est-à-dire en posant légèrement la main droite sur la tête et en prononçant un monosyllabe sifflant et doux : — Si.... Si, qui équivaut à : — Soyez le bienvenu.

La maîtresse de la maison me fit asseoir alors auprès d'elle et remplit une assiette d'or placée devant moi des mets contenus dans un plat.

Pendant que je mangeais (et quoique les mets me fussent étrangers, je m'étonnais encore plus de leur délicatesse que de leur saveur nouvelle pour moi), mes compagnons causaient tranquillement et, autant que je pouvais le deviner, en évitant par politesse toute allusion directe à ma personne, ainsi que tout examen importun de mon extérieur. Cependant j'étais la première créature qu'ils eussent encore vue qui appartînt à notre variété terrestre de l'espèce humaine, et ils me regardaient, par conséquent, comme un phénomène curieux et anormal. Mais toute grossièreté est inconnue à ce peuple, et l'on enseigne aux plus jeunes enfants à mépriser toute démonstration véhémente d'émotion. Quand le repas fut terminé, mon guide me prit de nouveau par la main et, rentrant dans la galerie, il toucha une plaque métallique couverte de caractères bizarres et que je pensai avec raison devoir être du genre de nos télégraphes électriques. Une plate-forme descendit, mais cette fois elle remonta beaucoup plus haut que dans le premier édifice où j'étais entré, et nous nous trouvâmes dans une chambre de dimension médiocre et dont le caractère général se rapprochait de celui qui est familier aux habitants du monde supérieur. Contre le mur étaient placés des rayons qui me parurent contenir des livres, et je ne me trompais pas : beaucoup d'entre eux étaient petits comme nos in-12 diamant, ils étaient faits comme nos livres et reliés dans de jolies plaques de métal. Çà et là étaient dispersées des pièces curieuses de mécanique ; des modèles sans doute, comme on peut en voir dans le cabinet de quelque mécanicien de profession. Quatre automates (ces pièces de mécanique remplacent chez ce peuple nos domestiques) étaient immobiles comme des fantômes aux quatre angles de la chambre. Dans un enfoncement se trouvait une couche basse, un lit garni de coussins. Une fenêtre, dont les rideaux, faits d'une sorte de tissu, étaient tirés de côté, ouvrait sur un grand balcon. Mon hôte s'avança sur ce balcon ; je l'y suivis. Nous étions à l'étage le plus élevé d'une des pyramides angulaires; le coup d'œil était d'une beauté solennelle et sauvage impossible à décrire. Les vastes chaînes de rochers abrupts qui formaient l'arrière-plan, les vallées intermédiaires avec leurs mystérieux herbages multicolores, l'éclat des eaux, dont beaucoup ressemblaient à des ruisseaux de flammes rosées, la clarté sereine répandue sur cet ensemble par des myriades de lampes, tout cela formait un spectacle dont aucune parole ne peut rendre l'effet; il était splendide dans sa sombre majesté, terrible et pourtant délicieux.

Mais mon attention fut bientôt distraite de ce paysage souterrain. Tout à coup s'éleva, comme venant de la rue au-dessous de nous, le fracas d'une joyeuse musique; puis une forme ailée s'élança dans les airs; une autre se mit à sa poursuite, puis une autre, puis une autre, jusqu'à ce qu'elles formassent une foule épaisse et innombrable. Mais comment décrire la grâce fantastique de ces formes dans leurs mouvements onduleux? Elles paraissaient se livrer à une sorte de jeu ou d'amusement, tantôt se formant en escadrons opposés, tantôt se dispersant; puis chaque groupe se mettait à la suite de l'autre, montant, descendant, se croisant, se séparant ; et tout cela en suivant la mesure de la musique qu'on entendait en bas : on eût dit la danse des Péris de la fable.

Je regardai mon hôte d'un air de fiévreux étonnement. Je m'aventurai à poser ma main sur les grandes ailes croisées sur sa poitrine et, en le faisant, je sentis passer en moi un léger choc électrique. Je me reculai avec terreur ; mon hôte sourit, et, comme pour satisfaire poliment ma curiosité, il étendit lentement ses ailes. Je remarquai que ses vêtements se gonflaient à proportion, comme une vessie qu'on remplit d'air Les bras parurent se glisser dans les ailes et, au bout d'un instant, il se lança dans l'atmosphère lumineuse et se mit à planer, immobile, les ailes étendues comme un aigle qui se baigne dans les rayons du soleil. Puis il plongea, avec la même rapidité qu'un aigle, dans un des groupes inférieurs, volant au milieu des autres et remontant avec la même rapidité. Là-dessus trois formes, dans l'une desquelles je crus reconnaître celle de la fille de mon hôte, se détachèrent du groupe et le suivirent, comme les oiseaux se poursuivent en jouant dans les airs. Mes yeux, éblouis par la lumière et par les mouvements de la foule, cessèrent de distinguer les évolutions de ces joueurs ailés, jusqu'au moment où mon hôte se sépara de la multitude et vint se poser à côté de moi.

L'étrangeté de tout ce que j'avais vu commençait à agir sur mes sens; mon esprit même commençait à s'égarer. Quoique peu porté à la superstition, quoique je n'eusse pas cru jusqu'alors que l'homme pût entrer en communication matérielle avec les démons, je fus saisi de cette terreur et de cette agitation violente qui persuadaient dans le moyen âge au voyageur solitaire qu'il assistait à un sabbat de diables et de sorcières. Je me souviens vaguement que j'essayai, par des gestes véhéments, des formules d'exorcisme et des mots incohérents, prononcés à haute voix, de repousser mon hôte complaisant et poli; je me souviens de ses doux efforts pour me calmer et m'apaiser, de la sagacité avec laquelle il devina que ma terreur et ma surprise venaient de la différence de forme et de mouvement entre nous; différence que le déploiement de ses ailes avait rendue plus visible; de l'aimable sourire avec lequel il chercha à dissiper mes alarmes en laissant tomber ses ailes sur le sol, pour me montrer que ce n'était qu'une invention mécanique. Cette soudaine transformation ne fit qu'augmenter mon effroi, et comme l'extrême terreur se fait souvent jour par l'extrême témérité, je lui sautai à la gorge comme une bête sauvage. En un instant je fus jeté à terre comme par une commotion électrique, et les dernières images qui flottent devant mon souvenir, avant que je ne perdisse tout à fait connaissance, furent la forme de mon hôte agenouillé près de moi, une main appuyée sur mon front, et la belle figure calme de sa fille, avec ses grands yeux profonds, insondables, fixés attentivement sur les miens.

VI.

Je demeurai dans cet état inconscient pendant plusieurs jours, et même pendant plusieurs semaines, selon notre manière de mesurer le temps. Quand je revins à moi, j'étais dans une chambre étrange, mon hôte et toute sa famille étaient réunis autour de moi et, à mon extrême étonnement, la fille de mon hôte m'adressa la parole dans ma langue maternelle, avec un léger accent étranger.

— Comment vous trouvez-vous? — me demanda-t-elle.

Je fus quelques minutes avant de pouvoir surmonter ma surprise et dire : —

— Vous savez ma langue?... Comment?... Qui êtes-vous?...

Mon hôte sourit et fit signe à l'un de ses fils qui prit alors sur la table un certain nombre de feuilles minces de métal sur lesquelles étaient tracés différents dessins : une maison, un arbre, un oiseau, un homme, etc.

Dans ces dessins, je reconnus ma manière. Sous chaque figure était écrit son nom dans ma langue et de ma main; et au-dessous, dans une autre écriture, un mot que je ne pouvais pas lire.

— C'est ainsi que nous avons commencé, — me dit mon hôte, — et ma fille Zee, qui appartient au Collège des Sages, a été votre professeur et le nôtre.

Zee plaça alors devant moi d'autres feuilles sur lesquelles étaient écrits de ma main, d'abord des mots, puis des phrases. Sous chaque mot et chaque phrase se trouvaient des caractères étranges tracés par une autre main. Je compris peu à peu, en rassemblant mes idées, qu'on avait ainsi créé un grossier dictionnaire. L'avait-on fait pendant que je dormais?

— En voilà assez, — dit Zee d'un ton d'autorité. — Reposez-vous et mangez.

VII.

On m'assigna une chambre dans ce vaste édifice. Elle était meublée d'une façon charmante et fantastique, mais sans cette magnificence de pierres et de métaux précieux, qui ornait les appartements plus publics. Les murs étaient tendus de nattes diverses, faites avec les tiges et les fibres des plantes, et le parquet était couvert de la même façon.

Le lit n'avait pas de rideaux. Ses supports en fer reposaient sur des boules de cristal. Les couvertures étaient d'une matière fine et blanche, qui ressemblait au coton. Plusieurs tablettes portaient des livres. Un enfoncement, fermé par des rideaux, communiquait avec une volière remplie d'oiseaux chanteurs, dans lesquels je ne re-

connus pas une seule des espèces que j'avais
vues sur la terre, si ce n'est une jolie espèce de
tourterelles, différant cependant des nôtres en
ce qu'elle avait sur la tête une huppe de plumes
bleuâtres. On avait appris à tous ces oiseaux à
chanter des airs réguliers, et ils dépassaient de
beaucoup nos bouvreuils savants, qui ne peuvent guère aller au delà de deux morceaux et ne
peuvent pas, je crois, chanter en partie. On aurait pu se croire à l'Opéra quand on écoutait les
concerts de cette volière. C'étaient des duos, des
trios, des quatuors et des chœurs, tous notés et
arrangés comme dans nos morceaux de musique.
Si je voulais faire taire les oiseaux, je n'avais qu'à
tirer un rideau sur la volière, et leur chant ces-
sait dès qu'ils se trouvaient dans l'obscurité. Une
autre ouverture servait de fenêtre, sans vitre,
mais si l'on touchait un ressort, un volet s'élevait du plancher; il était formé d'une substance
moins transparente que le verre, assez cependant pour laisser passer le regard. A cette
fenêtre était attaché un balcon, ou plutôt un
jardin suspendu, où se trouvaient des plantes gracieuses et des fleurs brillantes. L'appartement

et ses dépendances avaient donc un caractère étrange dans ses détails, et pourtant dans son ensemble il rappelait les habitudes de notre luxe moderne ; il eût excité l'admiration si on l'avait trouvé attaché à la demeure d'une duchesse anglaise ou au cabinet de travail d'un auteur français à la mode. Avant mon arrivée, c'était la chambre de Zee ; elle me l'avait gracieusement cédée.

Quelques heures après le réveil dont j'ai parlé dans le chapitre précédent, j'étais étendu seul sur ma couche, essayant de fixer mes pensées et mes conjectures sur la nature du peuple au milieu duquel je me trouvais, lorsque mon hôte et sa fille Zee entrèrent dans ma chambre. Mon hôte, parlant toujours ma langue, me demanda, avec beaucoup de politesse, s'il me serait agréable de causer ou si je préférais rester seul. Je répondis que je serais très honoré et très charmé de cette occasion d'exprimer ma gratitude pour l'hospitalité et les politesses dont on me comblait dans un pays où j'étais étranger, et d'en apprendre assez sur les mœurs et les coutumes pour ne pas risquer d'offenser mes hôtes par mon ignorance.

En parlant, je m'étais naturellement levé; mais Zee, à ma grande confusion, m'ordonna gracieusement de me recoucher, et il y avait dans sa voix et dans ses yeux, quelque doux qu'ils fussent d'ailleurs, quelque chose qui me força d'obéir. Elle s'assit alors sans façon au pied de mon lit, tandis que son père prenait place sur un divan à quelques pas de nous.

— Mais de quelle partie du monde venez-vous donc? — me demanda mon hôte, — que nous nous semblons réciproquement si étranges? J'ai vu des spécimens de presque toutes les races qui diffèrent de la nôtre, à l'exception des sauvages primitifs qui habitent les portions les plus désolées et les plus éloignées de notre monde, ne connaissant d'autre lumière que celle des feux volcaniques et se contentant d'errer à tâtons dans l'obscurité, comme font beaucoup d'êtres qui rampent, qui se traînent, ou même qui volent. Mais, à coup sûr, vous ne pouvez faire partie d'une de ces tribus barbares, et, d'un autre côté, vous ne paraissez appartenir à aucun peuple civilisé.

Je me sentis quelque peu piqué de cette dernière observation et je répondis que j'avais l'honneur d'appartenir à une des nations les plus civilisées de la terre; et que, quant à la lumière, tout en admirant le génie et la magnificence avec lesquels mon hôte et ses concitoyens avaient réussi à illuminer leurs régions impénétrables au soleil, je ne pouvais cependant comprendre qu'après avoir vu les globes célestes, on pût comparer à leur éclat les lumières artificielles inventées pour les besoins des hommes. Mais mon hôte disait qu'il avait vu des spécimens de la plupart des races différentes de la sienne, à l'exception des malheureux barbares dont il m'avait parlé. Était-il donc possible qu'il ne fût jamais venu à la surface de la terre, ou ne parlait-il que de races enfouies dans les entrailles du globe?

Mon hôte garda quelque temps le silence; sa physionomie montrait un degré de surprise que les gens de cette race manifestent rarement dans les circonstances même les plus extraordinaires. Mais Zee montra plus de sagacité.

— Tu vois bien, mon père, — s'écria-t-elle, — qu'il y a de la vérité dans les vieilles traditions ; il y a toujours de la vérité dans toutes les traditions qui ont cours en tout temps et chez toutes les tribus.

— Zee, — dit mon hôte avec douceur, — tu appartiens au Collège des Sages et tu dois être plus savante que je ne le suis ; mais comme Directeur du Conseil de la Conservation des Lumières, il est de mon devoir de ne rien croire que sur le témoignage de mes propres sens.

Alors, se tournant vers moi, il m'adressa plusieurs questions sur la surface de la terre et sur les corps célestes ; quelque soin que je prisse de lui répondre de mon mieux, je ne parus ni le satisfaire ni le convaincre. Il secoua tranquillement la tête et, changeant un peu brusquement de sujet, il me demanda comment, de ce qu'il se plaisait à appeler un monde, j'étais descendu dans un autre monde. Je répondis que sous la surface de la terre il y avait des mines contenant des minéraux ou métaux nécessaires à nos besoins et à nos progrès dans les arts et l'industrie ; je lui expliquai alors brièvement comment, en explorant une de ces mines, mon malheureux ami et moi avions aperçu de loin les régions dans lesquelles nous étions descendus et comment notre tentative lui avait coûté la vie. Je donnai comme témoins de ma véracité la corde et les grappins que l'enfant avait rapportés dans l'édifice où j'avais d'abord été reçu.

Mon hôte se mit alors à me questionner sur les habitudes et les mœurs des races de la surface de la terre, surtout de celles que je regardais comme les plus avancées dans cette civilisation qu'il définissait volontiers : « l'art de répandre dans une communauté le tranquille bonheur qui est l'apanage d'une famille vertueuse et bien réglée. » Naturellement désireux de représenter sous les couleurs les plus favorables le monde d'où je venais, je passai légèrement, quoique avec indulgence, sur les institutions antiques et déjà en décadence de l'Europe, afin de m'étendre sur la grandeur présente et la prééminence future de cette glorieuse République Américaine, dans laquelle l'Europe cherche, non sans jalousie, un modèle et devant laquelle elle tremble en prévoyant son destin. Choisissant comme exemple de la vie sociale aux États-Unis la ville où le progrès marche avec le plus de rapidité, je me lançai dans une description animée des mœurs de New-York. Mortifié de voir, à la physionomie de mes auditeurs, que je ne produisais pas l'impression favorable à laquelle je m'attendais, je m'élevai plus haut; j'insistai sur l'excellence des institutions démocratiques, sur la manière dont elles faisaient régner un tranquille bonheur par le gouvernement d'un parti, et sur la façon dont elles répandaient ce bonheur dans les masses en préférant, pour l'exercice du pouvoir et l'acquisition des honneurs, les citoyens les plus infimes sous le rapport de la fortune, de l'éducation et du caractère. Je me souvins heureusement de la péroraison d'un discours sur l'influence purifiante de la démocratie américaine et sur sa propagation future dans le monde entier; discours prononcé par un certain sénateur éloquent (pour le vote sénatorial duquel une compagnie de chemin de fer, à laquelle appartenaient mes deux frères, venait de payer 20,000 dollars), et je terminai en répétant ses brillantes prédictions sur l'avenir magnifique qui souriait à l'humanité, quand le drapeau de la liberté flotterait sur tout un continent, alors que deux cents millions de citoyens intelligents, habitués dès l'enfance à l'usage quotidien du revolver, appliqueraient à l'Univers épouvanté les doctrines du patriote Monroë.

Quand j'eus fini, mon hôte secoua doucement la tête et tomba dans une rêverie profonde, en faisant signe à sa fille et à moi de rester silencieux pendant qu'il réfléchissait. Au bout d'un certain temps, il dit d'un ton sérieux et solennel :

— Si vous pensez, comme vous le dites, que, quoique étranger, vous avez été bien traité par moi et les miens, je vous adjure de ne rien révéler de votre monde à aucun de mes concitoyens, à moins que, après réflexion, je ne vous permette de le faire. Consentez-vous à cette demande ?

— Je vous donne ma parole de me conformer à vos désirs, — dis-je un peu surpris.

Et j'étendis ma main droite pour saisir la sienne. Mais il plaça doucement ma main sur son front et sa main droite sur ma poitrine, ce qui est, pour cette race, une manière de s'engager pour toute espèce de promesse ou d'obligation verbale. Puis, se tournant vers sa fille, il dit : —

— Et toi, Zee, tu ne répéteras à personne ce que l'étranger a dit, ou pourra dire, soit à toi, soit à moi, d'un monde autre que celui où nous vivons.

Zee se leva et baisa son père sur les tempes, en disant avec un sourire : —

— La langue d'une Gy est légère, mais l'amour peut la lier. Et, mon père, si tu crains qu'un mot de toi ou de moi puisse exposer l'État au danger, par le désir d'explorer un monde inconnu, une vague du *vril*, convenablement arrangée, n'effacera-t-elle pas de notre mémoire ce que l'étranger nous a dit ?

— Qu'est-ce que le vril ? — demandai-je.

Là-dessus Zee commença une explication dont je compris fort peu de chose, car il n'y a dans aucune langue que je connaisse aucun mot qui soit synonyme de vril. Je l'appellerais électricité, si ce n'est qu'il embrasse dans ses branches nombreuses d'autres forces de la nature, auxquelles, dans nos nomenclatures scientifiques, on assigne différents noms, tels que magnétisme, galvanisme, etc. Ces peuples croient avoir trouvé dans le vril l'unité des agents naturels, unité que beaucoup de philosophes terrestres ont soupçonnée et dont Faraday parle sous le nom plus réservé de corrélation.

« Je suis depuis longtemps d'avis, » dit cet illustre expérimentateur, « et mon opinion est
« devenue presque une conviction commune, je
« crois, à beaucoup d'autres amis des sciences
« naturelles, que les formes variées sous les-
« quelles les forces de la matière nous sont ma-
« nifestées ont une commune origine ; ou, en
« d'autres termes, qu'elles sont en corrélation
« directe et dans une dépendance mutuelle, de
« sorte qu'elles sont pour ainsi dire convertibles
« les unes dans les autres, et que leur action
« peut être ramenée à une commune mesure, à
« un équivalent commun. »

Les philosophes souterrains affirment que par l'effet du vril, que Faraday appellerait peut-être le magnétisme atmosphérique, ils ont une influence sur les variations de la température, ou, en langage vulgaire, sur le temps ; que par d'autres effets, voisins de ceux qu'on attribue au mesmérisme, à l'électro-biologie, à la force odique, etc., mais appliqués scientifiquement par des conducteurs de vril, ils peuvent exercer sur les esprits et les corps animaux ou végétaux un pouvoir qui dépasse tous les contes fantastiques de nos rêveurs. Ils donnent à tous ces effets le nom commun de vril. Zee me demanda si, dans mon monde, on ne savait pas que toutes les facultés de l'esprit peuvent être surexcitées à un point dont on n'a pas l'idée pendant la veille, au moyen de l'extase ou vision, pendant laquelle les pensées d'un cerveau peuvent être transmises à un autre et les connaissances s'échanger ainsi rapidement. Je répondis qu'on racontait parmi nous des histoires relatives à ces extases ou visions, que j'en avais beaucoup entendu parler et que j'avais vu quelque chose de la façon dont on les produisait artificiellement, par exemple, dans la clairvoyance magnétique; mais que ces expériences étaient tombées dans l'oubli ou dans le mépris, en partie à cause des impostures grossières auxquelles elles donnaient lieu, en partie, parce que, même quand les effets sur certaines constitutions anormales se produisaient sans charlatanisme, cependant lorsqu'on les examinait de près et qu'on les analysait, les résultats en étaient peu satisfaisants ; qu'on ne pouvait s'y appuyer pour établir un système de connaissances vraies, ou s'en servir dans un but pratique ; de plus, que ces expériences étaient dangereuses pour les personnes crédules par les superstitions qu'elles tendaient à faire naître. Zee écouta ma réponse avec une attention pleine de bonté et me dit que des exemples semblables de tromperie et de crédulité avaient été fréquents dans leurs expériences scientifiques, quand la science était encore dans l'enfance, alors qu'on redoutait les propriétés du vril, mais qu'elle réservait une discussion plus approfondie de ce sujet pour le moment où je serais plus en état d'y prendre part. Elle se contenta d'ajouter que c'était par le moyen du vril, tandis que j'avais été mis en extase, qu'on m'avait enseigné les rudiments de leur langue ; et que son père et elle, qui, seuls de la famille, s'étaient donné la peine de surveiller l'expérience, avaient acquis ainsi une connaissance plus grande de ma langue, que moi de la leur ; d'abord parce que ma langue était beaucoup plus simple que la leur et comprenait bien moins d'idées complexes; et ensuite parce que leur organisation était, grâce à une culture héréditaire, beaucoup plus souple que la mienne et plus capable d'acquérir promptement des connaissances. Dans mon for intérieur, je doutai de cette dernière assertion ; car ayant eu au cours d'une vie très active l'occasion d'aiguiser mon esprit, soit chez moi, soit dans mes voyages, je ne pouvais admettre que mon système cérébral fût plus lent que celui de gens qui avaient passé toute leur vie à la clarté des lampes. Pendant que je faisais cette réflexion, Zee dirigea tranquillement son index vers mon front et m'endormit.

VIII.

En m'éveillant, je vis à côté de mon lit l'enfant qui avait apporté la corde et les grappins dans l'édifice où l'on m'avait fait entrer d'abord, et qui, comme je l'appris plus tard, était la résidence du magistrat principal de la tribu. L'enfant, dont le nom était Taë, prononcez Tar-ēē, était le fils aîné du magistrat. Je m'aperçus que pendant mon dernier sommeil, ou plutôt ma dernière extase, j'avais fait plus de progrès dans la langue du pays et que je pouvais causer avec une facilité relative.

Cet enfant était singulièrement beau, même pour la belle race à laquelle il appartenait ; il avait l'air très viril pour son âge, et l'expression de sa physionomie était plus vive et plus énergique que celle que j'avais remarquée sur les figures sereines et calmes des hommes. Il m'apportait les tablettes sur lesquelles j'avais dessiné ma descente et où j'avais aussi esquissé la tête du monstre qui m'avait fait quitter le cadavre de mon ami. En me montrant cette portion du dessin, Taë m'adressa quelques questions sur la taille et la forme du monstre, et sur la caverne ou gouffre dont il était sorti. L'intérêt qu'il prenait à mes réponses semblait assez sérieux pour le détourner quelque temps de toute curiosité sur ma personne et mes antécédents. Mais à mon grand embarras, car je me souvenais de la parole donnée à mon hôte, il me demanda d'où je venais. A cet instant même, Zee entra heureusement et entendit sa question.

— Taë, — lui dit-elle, — donne à notre hôte tous les renseignements qu'il te demandera, mais ne lui en demande aucun en retour. Lui demander qui il est, d'où il vient, ou pourquoi il est ici, serait manquer à la loi que mon père a établie pour cette maison.

— C'est bien, — dit Taë, posant sa main sur son cœur.

A partir de ce moment, cet enfant, avec lequel je me liai très intimement, ne m'adressa jamais une seule des questions ainsi interdites.

IX.

Plus tard seulement, après des extases répétées, mon esprit devint plus capable d'échanger des idées avec mes hôtes et de comprendre plus complètement des différences de mœurs ou de coutumes qui m'avaient d'abord trop étonné pour que ma raison pût les saisir; alors seulement je pus recueillir les détails suivants sur l'origine et l'histoire de cette population souterraine, qui forme une partie d'une grande famille de nations appelée les Ana.

Suivant les traditions les plus anciennes, les ancêtres de cette race avaient habité un monde situé au-dessus de celui qu'habitaient leurs descendants. Ceux-ci conservaient encore dans leurs archives des légendes relatives à ce monde supérieur et où l'on parlait d'une voûte où les lampes n'étaient allumées par aucune main humaine. Mais ces légendes étaient regardées par la plupart des commentateurs comme des fables allégoriques. Suivant ces traditions, la terre elle-même, à la date où elles remontaient, n'était pas dans son enfance mais dans les douleurs et le travail d'une période de transition et sujette à de violentes révolutions de la nature. Par une de ces révolutions, la portion du monde supérieur habitée par les ancêtres de cette race avait été soumise à de grandes inondations, non pas subites, mais graduelles et irrésistibles ; quelques individus seulement échappèrent à la destruction. Est-ce là un souvenir de notre Déluge historique et sacré ou d'aucun autre des cataclysmes antérieurs au Déluge et sur lesquels les géologues discutent de nos jours? Je ne sais, mais si l'on rapproche la chronologie de ce peuple de celle de Newton, on voit que la catastrophe dont il parle aurait dû arriver plusieurs milliers d'années avant Noé. D'autre part, l'opinion de ces écrivains souterrains ne s'accorde pas avec celle qui est la plus répandue parmi les géologues sérieux, en ce qu'elle suppose l'existence d'une race humaine sur la terre à une date bien antérieure à l'époque où les géologues placent la formation des mammifères. Quelques membres de la race infortunée, ainsi envahie par le Déluge, avaient, pendant la marche progressive des eaux, cherché un refuge dans des cavernes situées sur les plus hautes montagnes et, en errant dans ces profondeurs, ils perdirent pour toujours le ciel de vue. Toute la face de la terre avait été changée par cette grande révolution ; la terre était devenue mer et la mer était devenue terre. On m'apprit comme un fait incontestable que, même maintenant, dans les entrailles de la terre on pouvait trouver des restes d'habitations humaines ; non pas des huttes ou des antres, mais de vastes cités dont les ruines attestent la civilisation des races qui florissaient avant le temps de Noé ; ces races ne doivent donc pas être mises au rang de celles que l'histoire naturelle caractérise par l'usage du silex et l'ignorance du fer.

Les fugitifs avaient emporté avec eux la connaissance des arts qu'ils exerçaient sur la terre, la tradition de leur culture et de leur civilisation. Leur premier besoin dut être de remplacer la lumière qu'ils avaient perdue ; et à aucune époque, même dans la période préhistorique, les races souterraines, dont faisait partie la tribu où je vivais, ne paraissent avoir été étrangères à l'art de se procurer de la lumière au moyen des gaz, du manganèse, ou du pétrole. Ils s'étaient habitués dans le monde supérieur à lutter contre les forces de la nature, et la longue bataille qu'ils avaient soutenue contre leur vainqueur, l'Océan, dont l'invasion avait mis des siècles à s'accomplir, les avait rendus habiles à dompter les eaux par des digues et des canaux. C'est à cette habileté qu'ils durent leur salut dans leur nouveau séjour.

— Pendant plusieurs générations, — me dit mon hôte avec une sorte de mépris et d'horreur, — nos ancêtres dégradèrent leur nature et abrégèrent leur vie en mangeant la chair des animaux, dont plusieurs espèces avaient, à leur exemple, échappé au Déluge, en cherchant un refuge dans les profondeurs de la terre ; d'autres animaux, qu'on suppose inconnus au monde supérieur, étaient une production de ces régions souterraines.

A l'époque où ce que nous appellerons l'âge historique se dégageait du crépuscule de la tradition, les Ana étaient déjà établis en différents États et avaient atteint un degré de civilisation analogue à celui dont jouissent en ce moment sur la terre les peuples les plus avancés. Ils connaissaient presque toutes nos inventions modernes, y compris l'emploi de la vapeur et du gaz. Les différents peuples étaient séparés par des rivalités violentes. Ils avaient des riches et des pauvres ; ils avaient des orateurs et des conquérants ; ils se faisaient la guerre pour une province ou pour une idée. Quoique les divers États reconnussent diverses formes de gouvernement, les institutions libres commençaient à avoir la prépondérance ; les assemblées populaires avaient plus de puissance ; la république exista bientôt partout ; la démocratie, que les politiques européens les plus éclairés regardent devant eux comme le terme extrême du progrès politique et qui domine encore parmi les autres tribus du monde souterrain, considérées comme barbares, n'a laissé aux Ana supérieurs, comme ceux chez lesquels je me trouvais, que le souvenir d'un des tâtonnements les plus grossiers et les plus ignorants de l'enfance de la politique. C'était l'âge de l'envie et de la haine, des perpétuelles révolutions sociales plus ou moins violentes, des luttes entre les classes, et des guerres d'État à État. Cette phase dura cependant quelques siècles, et fut terminée, au moins chez les populations les plus nobles et les plus intelligentes, par la découverte graduelle des pouvoirs latents enfermés dans ce fluide qui pénètre partout et qu'ils désignaient sous le nom de vril.

D'après ce que me dit Zee qui, en qualité de savant professeur du Collège des Sages, avait étudié ces matières avec plus de soin qu'aucun autre membre de la famille de mon hôte, on peut produire et discipliner ce fluide de façon à s'en servir comme d'un agent tout-puissant sur toutes les formes de la matière animée et inanimée. Il détruit comme la foudre; appliqué d'autre façon, il donne à la vie plus de plénitude et de vigueur; il guérit et préserve; c'est surtout de ce fluide que l'on se sert pour guérir les maladies, ou plutôt pour aider l'organisation physique à recouvrer l'équilibre des forces naturelles, et par conséquent à se guérir elle-même. Par ce fluide on se fraye des chemins en fendant les substances les plus dures, on ouvre des vallées à la culture au milieu des rocs de ces déserts souterrains. C'est de ce fluide que ces peuples extraient la lumière de leurs lampes; ils la trouvent plus régulière, plus douce et plus saine que la lumière produite par les autres matières inflammables dont ils se servaient jusque-là.

Mais la politique surtout fut transformée par la découverte de la terrible puissance du vril et des moyens de l'employer. Dès que les effets en furent mieux connus et plus habilement mis en œuvre, toute guerre cessa entre les peuples qui avaient découvert le vril, car ils avaient porté l'art de la destruction à un degré de perfection qui annulait toute supériorité de nombre, de discipline et de talent militaire. Le feu renfermé dans le creux d'une baguette maniée par un enfant pouvait abattre la forteresse la plus redoutable, ou sillonner d'un trait de flamme, du front à l'arrière-garde, une armée rangée en bataille.

Si deux armées en venaient aux mains possédant le secret de ce fluide terrible, elles devaient s'anéantir réciproquement. L'âge de la guerre était donc fini, et quand la guerre eut disparu, une révolution non moins profonde ne tarda pas à se produire dans les relations sociales. L'homme se trouva si complètement à la merci de l'homme, chacun d'eux pouvant en un instant tuer son adversaire, que toute idée de gouvernement par la force disparut peu à peu du système politique et de la loi. Ce n'est que par la force que de grandes communautés, dispersées sur de vastes espaces, peuvent être maintenues dans l'unité ; mais ni la nécessité de la défense, ni l'orgueil des conquêtes ne firent plus désirer à un État de l'emporter sur un autre par sa population.

Ceux qui avaient découvert le vril arrivèrent ainsi, au bout de quelques générations, à se partager en communautés moins considérables. La tribu au milieu de laquelle je me trouvais était limitée à douze mille familles. Chaque tribu occupait un territoire suffisant à tous ses besoins, et à des périodes déterminées le surplus de la population émigrait pour aller chercher un domaine nouveau. Il ne paraissait pas nécessaire de faire choisir arbitrairement ces émigrants; il y avait toujours un assez grand nombre d'émigrants volontaires.

Ces États subdivisés, peu importants à ne considérer que leur territoire ou leur population, appartenaient tous à une seule et grande famille. Ils parlaient la même langue, sauf quelques légères différences de dialecte. Le mariage était permis de tribu à tribu; les lois et les coutumes les plus importantes étaient les mêmes; la connaissance du vril et l'emploi des forces qu'il renfermait formait entre tous ces peuples un lien si important que le mot A-vril était pour eux synonyme de civilisation; et Vril-ya, c'est-à-dire *les Nations Civilisées*, était le terme commun par lequel les tribus qui se servaient du vril se distinguaient des familles d'Ana encore plongées dans la barbarie.

Le gouvernement de la tribu des Vril-ya, dont je m'occupe ici, était en apparence très compliqué, en réalité très simple. Il était fondé sur un principe reconnu en théorie, quoique peu appliqué dans la pratique sur notre terre, c'est que l'objet de tout système philosophique est d'atteindre l'unité et de s'élever à travers le dédale des faits à la simplicité d'une cause première ou principe premier. Ainsi, en politique, les écrivains républicains eux-mêmes conviennent qu'une autocratie bienfaisante assurerait la meilleure des administrations, si on pouvait en garantir la durée, ou prendre des précautions contre l'abus graduel des pouvoirs qu'on lui accorde. Cette singulière communauté élisait donc un seul magistrat suprême appelé Tur; il était nominalement investi du pouvoir pour la vie; mais on pouvait rarement le détourner de s'en démettre aux approches de la vieillesse. Il n'y avait rien du reste dans cette société qui pût porter un de ses membres à convoiter les soucis de cette charge. Aucun honneur, aucun insigne d'un rang plus élevé n'étaient accordés au magistrat suprême que ne distinguait point la supériorité de son revenu ou de sa résidence. En revanche, les devoirs qu'il avait à remplir étaient singulièrement légers et faciles, et n'exigeaient pas un degré extraordinaire d'énergie ou d'intelligence. Point de guerre à craindre, pas d'armée à entretenir : le gouvernement ne pouvant s'appuyer sur la force, il n'y avait pas de police à payer et à diriger. Ce que nous appelons crime était absolument inconnu aux Vril-ya, et il n'existait pas de cour de justice criminelle. Les rares exemples de différends civils étaient confiés à l'arbitrage d'amis choisis par les deux parties, ou jugés par le Conseil des Sages que je décrirai plus loin. Il n'y avait pas d'hommes de loi de profession ; et l'on peut dire que leurs lois n'étaient que des conventions à l'amiable, car il n'existait pas de pouvoir en état de contraindre un délinquant qui portait dans une baguette le moyen d'anéantir ses juges. Il y avait des règles et des coutumes auxquelles le peuple, depuis plusieurs siècles, s'était tacitement habitué à obéir ; ou si, par hasard, un individu trouvait trop dur de s'y soumettre, il quittait la communauté et allait s'établir ailleurs. Enfin on s'était insensiblement soumis à une sorte de convention analogue à celle qui régit nos familles privées, où nous disons en quelque sorte à tout membre parvenu à l'indépendance que donne la virilité :

« Reste ou va-t-en, suivant que nos habitudes ou les règles que nous avons établies te conviennent ou te déplaisent. » Mais quoiqu'il n'y eût pas de lois dans le sens précis que nous donnons à ce mot, il n'y a pas dans le monde supérieur une race plus observatrice de la loi que les Vril-ya. L'obéissance à la règle adoptée par la communauté est devenue un instinct aussi puissant que ceux de la nature. Le chef de chaque famille établit pour la conduite de sa famille une règle qu'aucun de ses membres ne songe à violer ou à éluder. Ils ont un proverbe dont l'énergie perd beaucoup dans cette paraphrase : « Pas de bonheur sans ordre, pas d'ordre sans autorité, pas d'autorité sans unité. » La douceur de tout gouvernement civil ou domestique chez eux se reconnaît bien à l'expression habituelle dont ils usent pour désigner ce qui est illégal ou défendu : « On est prié de ne pas faire telle ou telle chose. » La pauvreté chez les Ana est aussi inconnue que le crime ; non pas que la propriété soit en commun, ou qu'ils soient tous égaux par l'étendue de leurs possessions, ou par la grandeur et le luxe de leurs habitations; mais comme il n'y a aucune différence de rang ou de position entre les divers degrés de richesse ou les diverses professions, chacun fait ce qui lui convient sans inspirer ni ressentir d'envie. Les uns préfèrent un genre de vie plus modeste, les autres un genre de vie plus brillant ; chacun se rend heureux à sa manière. Grâce à cette absence de toute compétition et aux limites fixées pour la population, il est difficile qu'une famille tombe dans la misère; il n'y a pas de spéculations hasardeuses, pas de rivalités et de luttes pour la conquête de la fortune ou d'un rang plus élevé. Sans doute, chaque fois qu'un établissement a été fondé, une portion égale a été attribuée à tous les colons; mais les uns, plus entreprenants que les autres, avaient étendu leurs possessions aux dépens du désert qui les entourait, ou avaient augmenté la fertilité de leurs champs, ou s'étaient engagés dans le commerce. Ainsi, les uns étaient nécessairement devenus plus riches que les autres, mais nul n'était absolument pauvre, nul n'avait de privations à subir. A la rigueur, ils avaient toujours la ressource d'émigrer, ou de s'adresser sans honte et avec la certitude d'être écoutés à de plus riches qu'eux ; car tous les membres de la communauté se regardaient comme des frères ne formant qu'une famille unie par l'affection. J'aurai, dans la suite de mon récit, l'occasion de revenir sur ce sujet.

Le soin principal du magistrat suprême était de communiquer avec certains départements actifs, chargés de l'administration de détails spéciaux. Le plus important et le plus essentiel de ces détails consistait dans les approvisionnements de lumière. Mon hôte, Aph-Lin, était le directeur de ce département. Un autre département, qu'on pourrait appeler celui des affaires étrangères, se maintenait en relation avec les États voisins, surtout pour s'assurer de toutes les inventions nouvelles; toutes ces inventions et tous les perfectionnements des machines étaient soumis à un troisième département chargé d'en faire l'essai. C'est à ce département que se rattachait le Collège des Sages, collège particulièrement recherché des Ana veufs et sans enfants, et des jeunes filles. Parmi ces dernières, Zee était la plus active, et si nous admettons que ce peuple reconnut ce que nous appelons distinction ou renommée (et je démontrerai plus tard qu'il n'en est rien), elle était placée parmi les membres les plus renommés ou les plus distingués. Les membres féminins de ce Collège s'adonnaient surtout aux études qu'on regarde comme moins utiles à la vie pratique, telles que la philosophie purement spéculative, l'histoire des siècles primitifs, et les sciences telles que l'entomologie, la conchyliologie, etc. Zee, dont l'esprit, aussi actif que celui d'Aristote, embrassait également les domaines les plus vastes et les plus minces détails de la pensée, avait écrit deux volumes sur l'insecte parasite qui habite dans les poils de la patte du tigre (1),

---

(1) L'animal dont il est ici question diffère en plusieurs points du tigre du monde supérieur. Il est plus grand, sa patte est plus large, son front plus fuyant. Il fréquente les bords des lacs et des marais et se nourrit de poissons, bien qu'il n'ait pas de répugnance pour tous les animaux terrestres de force inférieure qui se trouvent sur son chemin Il devient rare, même dans les districts les plus sauvages, où il est dévoré par des reptiles gigantesques. Je suppose qu'il appartient à l'espèce du tigre, puisque l'animal-

ouvrage qui faisait autorité sur ce sujet intéressant. Mais les recherches des Sages ne sont pas confinées à ces études subtiles ou élégantes. Elles comprennent d'autres études plus importantes, entre autres sur les propriétés du vril, à la perception desquelles le système nerveux plus délicat des Professeurs féminins les rend bien plus aptes. C'est dans ce collège que le Tur, ou magistrat principal, choisit ses conseillers, dont le nombre ne s'élève jamais au-dessus de trois ; il ne les consulte que dans les cas fort rares où un événement ou une circonstance extraordinaire embarrasse son propre jugement.

Il y a quelques autres départements d'une moindre importance, qui tous fonctionnent avec si peu de bruit et si tranquillement, qu'on ne se sent pas du tout gouverné : l'ordre social est aussi régulier et aussi peu gênant que si c'était une loi de la nature. On emploie la mécanique à presque toutes sortes de travaux intérieurs ou extérieurs, et le soin incessant du département

---

cule parasite qu'on trouve dans sa patte est, comme celui qu'on trouve dans la patte du tigre asiatique, une miniature de l'animal lui-même.

chargé de cet objet est d'en perfectionner l'application. Il n'y a ni ouvriers ni domestiques ; on prend parmi les enfants tous ceux qui sont nécessaires pour surveiller ou seconder les machines ; et cela depuis l'âge où les enfants cessent d'être confiés au sein de leur mère jusqu'à l'époque de la nubilité, c'est-à-dire à seize ans pour les Gy-ei (les femmes) et vingt ans pour les Ana (les hommes). Ces enfants sont classés par bandes et sections sous la surveillance de leurs propres chefs et chacun s'adonne à l'occupation qui lui plaît le plus ou pour laquelle il se sent le plus de dispositions. Les uns choisissent les arts manuels, l'agriculture, les travaux domestiques ; d'autres se consacrent à écarter les rares dangers qui menacent la population. Voici les seuls périls auxquels sont exposés ces tribus : d'abord ceux qu'occasionnent les convulsions accidentelles de la terre ; c'est à les prévoir et à s'en garder qu'on apporte le plus de soin ; tels sont les irruptions du feu et de l'eau, les ouragans souterrains et les gaz qui se dégagent avec violence. Des inspecteurs vigilants sont placés aux frontières de l'État et dans tous les endroits où de semblables périls sont à craindre ; ils ont à leur disposition des moyens de communications télégraphiques avec la salle où quelques Sages d'élite se relaient perpétuellement. Ces inspecteurs sont toujours choisis parmi les garçons qui approchent de l'âge de puberté, d'après ce principe qu'à cet âge les facultés d'observation sont plus vives et les forces physiques plus en éveil qu'à aucune autre époque de la vie. Le second service de sûreté, d'ailleurs moins important, consiste dans la destruction de toutes les créatures hostiles à la vie, à la culture, ou même au bien-être des Ana. Les plus formidables sont les énormes reptiles, dont on conserve dans nos musées quelques restes antédiluviens et certains animaux ailés gigantesques, moitié oiseaux, moitié serpents. Le soin de chasser et de détruire ces derniers, ainsi que d'autres animaux sauvages plus petits et analogues à nos tigres et à nos serpents venimeux, est laissé à de jeunes enfants ; parce que, suivant les Ana, il faut pour cela être sans pitié, et que plus l'enfant est jeune moins il est accessible à la pitié. Il y a une autre classe d'animaux dans la destruction desquels il faut faire de certaines distinctions; on y emploie des enfants de l'âge intermédiaire; ce sont les animaux qui ne menacent pas la vie de l'homme, mais qui ravagent les produits de son travail, tels que l'élan et certaines variétés de l'espèce du daim; de petits animaux qui ressemblent assez à nos lapins, mais qui sont bien plus nuisibles aux moissons et plus habiles dans leurs déprédations. Le premier soin de ces enfants doit être d'apprivoiser les plus intelligents de ces animaux et de les habituer à respecter les clôtures, rendues pour cela très visibles, comme on habitue les chiens à respecter les garde-manger et même à veiller sur le bien de leurs maîtres. Ce n'est que quand ces animaux se montrent incorrigibles qu'on les détruit. On ne les tue jamais pour en manger la chair, ni pour le plaisir de la chasse; mais on ne les épargne jamais quand on n'a pas d'autre moyen de les empêcher de nuire. Tout en rendant ces divers services et en s'acquittant des tâches qui leur sont confiées, les enfants reçoivent sans interruption l'éducation dont ils ont besoin. Les jeunes gens suivent généralement au sortir de l'enfance un cours d'instruction au Collège des Sages, dans lequel, outre les études générales, les élèves reçoivent des leçons spéciales selon leur vocation et selon le genre d'études qu'ils choisissent eux-mêmes. Quelques-uns cependant préfèrent passer cette période d'épreuves en voyage, ou émigrer, ou s'appliquer aussitôt aux affaires commerciales ou agricoles. Nulle contrainte ne vient gêner leurs inclinations.

X.

Le mot Ana (prononcez : *Arna*) correspond à notre pluriel : *hommes;* An (prononcez : *Arn*), le singulier, à : *homme.* Le mot qui signifie femme est Gy (le *G* est dur comme dans Guy); il fait au pluriel Gy-ei, mais le *G* devient doux au pluriel, on prononce : Jy-ei. Les Ana ont un proverbe qui donne à cette différence de prononciation un sens symbolique; c'est que le sexe féminin est doux pris collectivement, mais que chaque femme est dure quand on a affaire individuellement à elle. Les Gy-ei jouissent d'une parfaite égalité de droits avec les Ana; égalité que certains philosophes en sont encore à réclamer sur la terre.

Dans leur enfance, elles accomplissent exactement les mêmes travaux que les garçons; et dans la classe la plus jeune, appliquée à la destruction des animaux hostiles, on préfère souvent les filles, parce qu'elles sont par leur constitution plus inaccessibles à la pitié sous l'influence de la terreur ou de la haine. Pendant l'intervalle qui s'écoule entre l'enfance et l'âge où l'on se marie, les rapports familiers entre les deux sexes sont suspendus. A l'époque du mariage, ils recommencent, sans autres conséquences plus graves que le mariage. Toutes les professions ouvertes à un sexe le sont à l'autre, et les Gy-ei s'attribuent la supériorité dans toutes les branches abstraites et profondes du raisonnement; elles disent que les Ana sont peu propres à ce genre d'études, parce qu'ils ont l'intelligence plus lourde et plus calme, et à cause de la routine de leurs occupations matérielles; c'est ainsi que les jeunes filles de notre monde s'érigent en autorité pour juger les questions les plus délicates de la doctrine théologique, pour lesquelles peu d'hommes, activement engagés dans les affaires de ce monde, ont assez de connaissances ou de finesse d'intelligence. Soit grâce aux exercices gymnastiques auxquels elles s'appliquent de bonne heure, soit par leur organisation, les Gy-ei sont supérieures aux Ana en force physique (détail important au point de vue du maintien des droits de la femme). Elles atteignent une stature plus élevée et leurs formes plus arrondies renferment des muscles et des nerfs aussi fermes que ceux des hommes. Elles prétendent que, suivant les lois primitives de la nature, les femelles devaient être plus grandes que les mâles; elles appuient cette opinion en recherchant, parmi les premières créatures vivantes, l'exemple des insectes et de la plus ancienne famille des vertébrés, les poissons, chez lesquels les femelles sont généralement assez grandes pour ne faire qu'un repas de leur mâle si cela leur fait plaisir. Par-dessus tout, les Gy-ei ont un pouvoir plus prompt et plus énergique sur ce fluide ou agent mystérieux qui contient un si puissant élément de destruction; elles ont aussi une plus large part de cette finesse qui comprend la dissimulation. Ainsi elles peuvent, non seulement se défendre contre toutes les agressions des hommes, mais elles pourraient à tout moment, et sans qu'il soupçonnât le moindre danger, mettre fin à l'existence de l'époux qui les offenserait. Disons à l'honneur des Gy-ei qu'on ne trouve pendant plusieurs siècles aucun exemple de l'abus de ce terrible pouvoir. Le dernier fait de ce genre, qui ait eu lieu dans la tribu dont je m'occupe, paraît remonter, suivant leur chronologie, à environ deux mille ans. Une Gy, dans un accès de jalousie, tua son mari, et cet acte abominable inspira une telle terreur aux hommes qu'ils émigrèrent en corps et laissèrent les Gy-ei toutes seules. L'histoire rapporte que les Gy-ei, devenues ainsi veuves et plongées dans le désespoir, tombèrent sur la coupable pendant son sommeil, et, par conséquent, alors qu'elle était désarmée, la tuèrent et s'engagèrent solennellement entre elles à supprimer pour toujours l'exercice de ce pouvoir conjugal si excessif et à élever leurs filles dans cette résolution. Après une démarche si conciliante, la députation envoyée aux Ana réussit à persuader à un grand nombre de revenir, mais ceux qui revinrent étaient généralement les plus âgés. Les plus jeunes, soit par défiance, soit par une trop haute opinion de leur propre mérite, rejetèrent toutes les propositions et restèrent dans d'autres communautés, où ils furent acceptés par d'autres femmes, avec lesquelles probablement ils ne se trouvèrent pas mieux. Mais la perte d'une si grande quantité de jeunes gens opéra comme un avertissement salutaire sur les Gy-ei et les confirma dans leur pieuse résolution. Il est admis aujourd'hui que, par le manque d'exercice, les Gy-ei ont perdu leur supériorité offensive et défensive sur les Ana, de même que sur la terre certains animaux inférieurs ont laissé certaines armes, que la nature leur avait données pour leur défense, s'émousser graduellement et devenir impuissantes, parce que les circonstances ne les obligeaient plus à s'en servir. Je serais cependant fort inquiet pour un An qui mesurerait ses forces avec une Gy.

Les Ana font remonter à l'incident que je viens de raconter certains changements dans les coutumes du mariage, qui donnent peut-être quelques avantages aux hommes. Ils ne se lient plus que pour trois ans ; à la fin de la troisième année, l'homme et la femme sont également libres de divorcer et de se remarier. Au bout de dix ans, l'An a le privilège de prendre une seconde femme et la première peut à son gré se retirer ou rester. Ces règles sont pour la plupart passées à l'état de lettre morte ; le divorce et la polygamie sont extrêmement rares, et les ménages paraissent très heureux et unis chez ce peuple étonnant ; les Gy-ei, malgré leur supériorité physique et intellectuelle, sont fort adoucies par la crainte de la séparation ou d'une seconde femme, et comme les An sont très attachés à leurs habitudes, ils n'aiment pas, à moins de considérations très graves, à changer pour des nouveautés hasardeuses, les figures et les manières auxquelles ils sont habitués. Les Gy-ei cependant conservent soigneusement un de leurs privilèges ; c'est peut-être le désir secret d'obtenir ce privilège qui porte beaucoup de dames sur la terre à se faire les champions des droits de la femme. Les Gy-ei ont donc le droit, usurpé sur la terre par les hommes, de proclamer leur amour et de faire elles-mêmes leur cour ; en un mot, ce sont elles qui demandent et non pas qui sont demandées. Les vieilles filles sont un phénomène inconnu parmi elles. Il est très rare qu'une Gy n'obtienne pas l'An auquel elle a donné son cœur, à moins que les affections de celui-ci ne soient fortement engagées ailleurs. Quelque froid, ou prude, ou de mauvaise volonté que se montre l'homme qu'elle courtise, sa persévérance, son ardeur, sa puissance persuasive, son pouvoir sur les mystérieux effets du vril, décident presque sûrement l'homme à tendre le cou à ce que nous appelons le nœud fatal. La raison qui porte les Gy-ei à renverser les rapports des sexes, que l'aveugle tyrannie des hommes a établis sur la terre, paraît concluante, et elles la donnent avec une franchise qui mérite un jugement impartial. Elles disent que, des deux époux, c'est la femme qui est d'une nature plus aimante, que l'amour occupe plus de place dans ses pensées, est plus essentiel à son bonheur, et que, par conséquent, c'est elle qui doit faire sa cour; qu'en outre, l'homme est un être timide et vacillant, qu'il a souvent une prédilection égoïste pour le célibat, qu'il prétend souvent ne pas comprendre les regards tendres et les insinuations délicates, bref, qu'il doit être résolument poursuivi et capturé. Elles ajoutent que si la Gy ne peut s'assurer l'An de son choix et en épouse un qu'elle n'aurait pas préféré au reste du monde, elle est non seulement moins heureuse, mais moins bonne, parce que les qualités de son cœur ne se développent pas assez ; tandis que l'An est une créature qui concentre d'une manière moins durable ses affections sur un seul objet ; que, s'il ne peut obtenir la Gy qu'il préfère, il se console aisément avec une autre, et enfin, qu'en mettant les choses au pire, s'il est aimé et bien soigné, il n'est pas indispensable au bonheur de sa vie qu'il aime de son côté ; il se contente du bien-être matériel et des nombreuses occupations d'esprit qu'il se crée.

Quoi qu'on puisse dire de ce raisonnement, le système est favorable à l'homme ; il est aimé avec ardeur ; il sait que plus il montrera de froideur et de résistance, plus la détermination de se l'attacher deviendra forte chez la Gy qui le courtise ; il s'arrange généralement pour n'accorder son consentement qu'aux conditions qu'il croit les meilleures pour s'assurer une vie, sinon très heureuse, du moins très tranquille. Tous les

Ana ont leur dada, leurs habitudes, leurs goûts, et quels qu'ils soient ils exigent la promesse de les respecter absolument. Pour arriver à son but, la Gy promet sans hésiter, et, comme un des caractères distinctifs de ce peuple extraordinaire est un respect absolu de la vérité et la religion de la parole donnée, la Gy, même la plus étourdie, observe toujours les conditions stipulées avant le mariage. Dans le fait, et en dépit de leurs droits abstraits et de leur puissance, les Gy-ei sont les plus aimables et les plus soumises des femmes que j'aie jamais rencontrées, même dans les ménages les plus heureux qui soient sur la terre. C'est une maxime reçue parmi elles que quand une Gy aime, son bonheur est d'obéir. On remarquera que dans les rapports des sexes je n'ai parlé que du mariage, car telle est la perfection morale que cette communauté a atteinte, que tout rapport illicite est aussi impossible parmi ce peuple, qu'il serait impossible à un couple de linottes de se séparer au temps des amours.

XI.

Quand je cherchais à revenir de la surprise que me causait l'existence de régions souterraines habitées par une race à la fois différente et distincte de la nôtre, rien ne m'embarrassait plus que le démenti infligé par ce fait à la plupart des géologues et des physiciens. Ceux-ci affirment généralement que, bien que le soleil soit pour nous la principale source de chaleur, cependant plus on pénètre sous la surface de la terre, plus la chaleur augmente; le taux de cette progression étant fixé, je crois, à un degré de plus par pied, en commençant à cinquante pieds de profondeur. Bien que les domaines de la tribu dont je parle fussent situés à des hauteurs assez rapprochées de la surface de la terre pour jouir d'une température convenable à la vie organique, cependant les ravins et les vallées de cet empire étaient beaucoup moins chauds que les savants ne le supposeraient, eu égard à leur profondeur; ils n'étaient certainement pas d'une température plus élevée que le midi de la France ou que l'Italie. Et suivant tous les renseignements que je pus recueillir, de vastes districts, s'enfonçant à des profondeurs où j'aurais cru que les salamandres seules pouvaient vivre, étaient habités par des races innombrables organisées comme nous le sommes. Je ne puis prétendre à donner la raison d'un fait si en contradiction avec les lois reconnues de la science et Zee ne pouvait m'aider beaucoup à trouver la solution de cette difficulté. Elle supposait seulement que nos savants n'avaient pas assez tenu compte de l'extrême porosité de l'intérieur de la terre, de l'immensité des cavités qu'elle renferme et qui créent des courants d'air et des vents fréquents, des différentes façons dont la chaleur s'évapore, ou est rejetée à l'extérieur. Elle convenait cependant qu'il existait des profondeurs où la chaleur était regardée comme intolérable pour les êtres organisés comme ceux que connaissaient les Vril-ya; mais leurs savants croyaient que, même là, la vie existait sous une forme quelconque; que si l'on y pouvait pénétrer, on y trouverait des êtres doués de sensibilité et d'intelligence.

— Là où le Tout-Puissant bâtit, — disait-elle, — soyez sûr qu'il place des habitants. Il n'aime pas les maisons vides.

Elle ajoutait cependant que beaucoup de changements dans la température et le climat avaient été produits par la science des Vril-ya, et que les forces du vril avaient été employées avec succès dans ce sens. Elle me décrivit un milieu subtil et vital qu'elle appelait Lai, que je soupçonne devoir être identique avec l'oxygène éthéré du docteur Lewins, et dans lequel agissent les forces réunies sous le nom de vril; elle affirmait que, partout où ce milieu pouvait s'étendre de façon à donner aux différentes propriétés du vril toute leur énergie, on pourrait s'assurer d'une température favorable aux formes les plus élevées de la vie. Zee me dit aussi que, d'après les naturalistes de son pays, les fleurs et les végétaux, produits par les semences que la terre avait jetées à cette profondeur dans les premières convulsions de la nature, ou importés par les premiers hommes qui avaient cherché un refuge dans les cavernes, devaient leur existence à la lumière qui les éclairait constamment et aux progrès de la culture. Elle me dit encore que depuis que la lumière du vril avait remplacé tous les autres modes d'éclairage, le coloris des fleurs et du feuillage était devenu plus brillant, et que la végétation avait pris plus de vigueur.

Mais je laisse ce sujet aux réflexions des gens compétents et je vais consacrer quelques pages à l'intéressante question de la langue des Vril-ya.

XII.

La langue des Vril-ya est particulièrement intéressante, parce qu'elle me paraît montrer avec une grande clarté les traces des trois transitions principales par lesquelles passe une langue avant d'arriver à sa perfection.

Un des plus illustres philologues modernes, Max Müller, cherchant à établir une analogie entre les couches du langage et les stratifications géologiques, énonce ce principe absolu : —

« Aucun langage ne peut, dans aucun cas,
« être inflexionnel sans avoir passé par le stra-
« tum agglutinatif et le stratum isolant. Au-
« cune langue ne peut être agglutinative sans
« être attachée par ses racines au stratum infé-
« rieur d'isolement (1). »

---

(1) Max Müller. *Stratification des langues*, p. 20.

Prenant la langue chinoise comme le meilleur type existant du stratum isolant originel, « comme la photographie fidèle de l'homme à « la lisière essayant les muscles de son esprit, « cherchant sa route à tâtons, et si ravi de son « premier succès qu'il le répète sans cesse (1), » nous trouvons dans la langue des Vril-ya, « en- « core attachée par ses racines au stratum in- « férieur d'isolement, » la preuve de l'isolement originel. Elle abonde en monosyllabes, car les monosyllabes sont le fond des langues. La transition à la forme agglutinative marque une période qui a dû s'étendre graduellement à travers les siècles, et dont la littérature écrite a survécu seulement dans quelques fragments de mythologie symbolique et dans certaines phrases énergiques qui sont devenues des dictons populaires. Avec la littérature des Vril-ya commence le stratum inflexionnel. Sans doute, à cette époque, différentes causes doivent avoir concouru à ce résultat, comme la fusion des races par la domination d'un

---

(1) Max Müller. *Stratification des langues*, p. 13.

peuple et l'apparition de quelques grands génies littéraires qui ont arrêté et fixé la forme du langage. A mesure que l'âge inflexionnel prévaut sur l'âge agglutinatif, il est surprenant de voir avec quelle hardiesse croissante les racines originelles de la langue sortent de la surface qui les cache. Dans les fragments et les proverbes de l'âge précédent les monosyllabes qui forment ces racines disparaissent dans des mots d'une longueur énorme, comprenant des phrases entières dont aucune portion ne peut être séparée du reste pour être employée séparément. Mais quand la forme inflexionnelle de la langue prit assez le dessus pour être étudiée et avoir une grammaire, les savants et les grammairiens semblent s'être unis pour extirper tous les monstres polysynthétiques ou polysyllabiques, comme des envahisseurs qui dévoraient les formes aborigènes. Les mots de plus de trois syllabes furent proscrits comme barbares, et, à mesure que la langue se simplifiait ainsi, elle acquérait plus de force, de dignité et de douceur. Quoiqu'elle soit très concise, cette concision même lui donne plus de clarté. Une seule lettre, suivant sa position, exprimait ce que nous autres, dans notre monde supérieur, nous exprimons quelquefois par des syllabes, d'autres fois par des phrases entières. En voici un ou deux exemples : An (que je traduirai homme), Ana (les hommes); la lettre S signifie chez eux multitude, suivant l'endroit où elle est placée; Sana signifie l'humanité ; Ansa, une multitude d'hommes. Certaines lettres de leur alphabet placées devant les mots dénotent une signification composée. Par exemple, Gl (qui pour eux n'est qu'une seule lettre, comme le *th* des Grecs, placée au commencement d'un mot, marque un assemblage ou une union de choses, soit semblables, soit différentes, comme Oon, une maison ; Gloon, une ville (c'est-à-dire un assemblage de maisons). Ata, douleur; Glata, calamité publique. Aur-an, la santé ou le bien-être d'un homme ; Glaur-an, le bien de l'État, la prospérité de la communauté ; un mot qu'ils ont sans cesse à la bouche est A-glauran, qui indique le principe de leur politique, c'est-à-dire que le bien-être de chacun est le premier principe d'une communauté. Aub, invention ; Sila, un ton en musique. Glaubsila, réunissant l'idée de l'invention et des intonations musicales, est le mot classique pour poésie ; on l'abrège ordinairement, dans la conversation, en Glaubs. Na, qui, pour eux, n'est, comme Gl, qu'une lettre simple, quand il est placé au commencement d'un mot, signifie quelque chose de contraire à la vie, à la joie, ou au bien-être, ressemblant en cela à la racine aryenne Nak, qui exprime la mort ou la destruction. Nax, obscurité ; Narl, la mort ; Naria, le péché ou le mal. Nas, le comble du péché et de la mort, la corruption. Quand ils écrivent, ils regardent comme irrespectueux de désigner l'Être Suprême par un nom spécial. Il est représenté par un symbole hiéroglyphique qui a la forme d'une pyramide : Λ. Dans la prière, ils s'adressent à Lui sous un nom qu'ils regardent comme trop sacré pour le confier à un étranger et que je ne connais pas. Dans la conversation, ils se servent généralement d'une périphrase, telle que la Bonté-Suprême. La lettre V, symbole de la pyramide renversée, au commencement d'un mot, signifie presque toujours l'excellence ou la puissance ; comme Vril, dont j'ai déjà tant parlé ; Veed, un esprit immortel; Veed-ya, l'immortalité; Koom, prononcé comme le Cwm des Gallois, signifie quelque chose de creux, de vide. Le mot Koom lui-même signifie un trou profond, une caverne. Koom-in, un trou ; Zi-koom une vallée ; Koom-zi, le vide, le néant ; Bodh-koom, l'ignorance (littéralement, vide des connaissances). Koom-Posh est le nom qu'ils donnent au gouvernement de tous, ou à la domination des plus ignorants, des plus vides. Posh est un mot presque intraduisible, signifiant, comme le lecteur le verra plus tard, le mépris. La traduction la plus rapprochée que j'en puisse donner est le mot vulgaire : gâchis; on peut donc traduire librement Koom-Posh par atroce gâchis. Mais quand la Démocratie ou Koom-Posh dégénère et qu'à l'ignorance succèdent les passions et les fureurs populaires qui précèdent la fin de la démocratie, comme (pour prendre des exemples dans le monde supérieur) pendant le règne de la Terreur en France, ou pendant les cinquante années de République Romaine qui précédèrent l'avènement d'Auguste, ils ont un autre mot pour désigner cet état de choses : ce mot est Glek-Nas. Ek veut dire discorde ; Glek, discorde universelle. Nas, comme je l'ai déjà dit, signifie corruption, pourriture ; ainsi Glek-Nas peut être traduit : la discorde universelle dans la corruption. Leurs termes composés sont très expressifs ; ainsi Bodh, signifiant connaissances, et Too étant un participe qui implique l'idée d'approcher avec prudence, Too-bodh est le mot qu'ils emploient pour Philosophie ; Pah est une exclamation de mépris analogue à notre expression : Absurde ! ou quelle bêtise ! Pah-bodh (littéralement, connaissance absurde) s'emploie pour désigner une philosophie fausse ou futile et s'applique à une espèce de raisonnement métaphysique ou spéculatif autrefois en vogue, qui consistait à faire des questions auxquelles on ne pouvait pas répondre et qui, du reste, étaient oiseuses, ne valaient pas la peine d'être faites ; telles que, par exemple : Pourquoi un An a-t-il cinq orteils au lieu de quatre ou de six ? Le premier An créé par la Bonté Suprême avait-il le même nombre d'orteils que ses descendants ? Dans la forme sous laquelle un An pourra être reconnu de ses amis dans l'autre monde conservera-t-il des orteils, et s'il en est ainsi seront-ils matériels ou immatériels? Je choisis ces exemples de Pah-bodh, non par ironie ou par plaisanterie, mais parce que les questions que je cite ont fourni le sujet d'une controverse aux derniers amateurs de cette « science ».... il y a quatre mille ans.

On m'apprit que, dans la déclinaison des noms, il y avait autrefois huit cas (un de plus que dans la grammaire sanscrite); mais l'effet du temps a réduit ces cas et a multiplié, à la place des terminaisons différentes, les prépositions explicatives. Dans la grammaire soumise à mes études, il y avait pour les noms quatre cas, trois marqués par leur terminaison et le quatrième par un préfixe.

SINGULIER.	PLURIEL.
Nom. An : l'homme.	Ana : les hommes
Dat. Ano : à l'homme.	Anoi : aux hommes.
Ac. Anan : l'homme.	Ananda : les hommes.
Voc. Hil-An : ô homme.	Hil-Ananda : ô hommes.

Dans la première période de la littérature

inflexionnelle, le duel existait : mais on a depuis longtemps abandonné cette forme.

Le génitif est aussi hors d'usage ; le datif prend sa place : ils disent la Maison *à* un Homme, au lieu de la Maison *d'*un Homme. Quand ils se servent du génitif (il est quelquefois usité en poésie), la terminaison est la même que celle du nominatif ; il en est de même de l'ablatif ; la préposition qui le désigne peut être un préfixe ou un affixe au goût de chacun ; le choix est déterminé par l'euphonie. On remarquera que le préfixe Hil désigne le vocatif. On s'en sert toujours en s'adressant à quelqu'un, excepté dans les relations domestiques les plus intimes ; l'omettre serait regardé comme une grossièreté ; de même que, dans notre vieille langue, il eût été peu respectueux de dire Roi, au lieu de ô Roi. Bref, comme ils n'ont aucun titre d'honneur, la forme du vocatif en tient lieu et se donne impartialement à tout le monde. Le préfixe Hil entre dans la composition des mots qui impliquent l'éloignement, comme Hil-ya, voyager.

Dans la conjugaison de leurs verbes, sujet trop long pour que je m'y étende ici, le verbe auxiliaire Ya, aller, qui joue un rôle si considérable dans le Sanscrit, est employé d'une façon analogue, comme si c'était un radical emprunté à une langue dont fussent descendues à la fois la langue sanscrite et celle des Vril-ya. D'autres auxiliaires, ayant des significations opposées, l'accompagnent et partagent son utilité, par exemple : Zi, s'arrêter ou se reposer. Ainsi Ya entre dans les temps futurs, et Zi dans les prétérits de tous les verbes qui demandent des auxiliaires. Yam, je vais; Yiam, je puis aller; Yani-ya, j'irai (littéralement, je vais aller); Zam-poo-yan, je suis allé (littéralement, je me repose d'être allé). Ya, comme terminaison, implique, par analogie, la progression, le mouvement, la floraison. Zi, comme terminaison, dénote la fixité, quelquefois en bonne part, d'autres fois en mauvaise part, suivant le mot auquel il est accouplé. Iva-zi, bonté éternelle; Nan-zi, malheur éternel. Poo (de) entre comme préfixe dans les mots qui dénotent la répugnance ou le nom des choses que nous devons craindre. Poo-pra, dégoût; Poo-naria, mensonge, la plus vile espèce de mal. J'ai déjà confessé que Poosh ou Posh était intraduisible littéralement. C'est l'expression d'un mépris joint à une certaine dose de pitié. Ce radical semble avoir pris son origine dans l'analogie qui existe entre l'effort labial et le sentiment qu'il exprime, Poo étant un son dans lequel la respiration est poussée au dehors avec une certaine violence. D'un autre côté, Z, placé en initiale, est chez les Ana, un son aspiré; ainsi Zu, prononcé Zoo (pour eux c'est une seule lettre), est le préfixe ordinaire des mots qui signifient quelque chose qui attire, qui plaît, qui touche le cœur, comme Zummer, amoureux; Zutze, l'amour; Zuzulia, délices. Ce son adouci du Z semble approprié à la tendresse. C'est ainsi que, dans notre langue, les mères disent à leurs babies, en dépit de la grammaire, « mon céri »; et j'ai entendu un savant professeur de Boston appeler sa femme (il n'était marié que depuis un mois) « mon cer amour ».

Je ne puis quitter ce sujet, cependant, sans faire observer par quels légers changements dans les dialectes adoptés par les différentes tribus la signification originelle et la beauté des sons peuvent disparaître. Zee me dit avec une grande indignation que Zūmmer (amoureux) qui, de la façon dont elle le prononçait, semblait sortir lentement des profondeurs de son cœur, était, dans quelques districts peu éloignés des Vril-ya, vicié par une prononciation moitié nasale, moitié sifflante, et tout à fait désagréable, qui en faisait Sūbber. Je pensai en moi-même qu'il ne manquait que d'y introduire une *n* devant l'*u* pour en faire un mot anglais désignant la dernière des qualités qu'une Gy amoureuse peut désirer de rencontrer dans son Zummer (1).

Je me bornerai maintenant à mentionner une particularité de cette langue qui donne de la force et de la brièveté à ses expressions.

La lettre A est pour eux, comme pour nous, la première lettre de l'alphabet, et ils s'en servent souvent comme d'un mot destiné à marquer une idée complexe de souveraineté, de puissance, de principe dirigeant. Par exemple: Iva, signifie bonté; Diva, la bonté et le bonheur réunis; A-Diva, c'est la vérité absolue et infaillible. J'ai déjà fait remarquer la valeur de l'A dans A-glau-

---

(1) Du verbe *To snub*, brusquer, gourmander, réprimander.

ran, de même dans Vril (aux vertus duquel ils attribuent leur degré actuel de civilisation); A-vril, signifie, comme je l'ai déjà dit, la civilisation même.

Les philologues ont pu voir par les exemples ci-dessus combien le langage Vril-ya se rapproche du langage Aryen ou Indo-Germanique; mais comme toutes les langues, il contient des mots et des formes empruntés à des sources toutes différentes. Le titre même de Tur, qu'ils donnent à leur magistrat suprême, indique un larcin fait à une langue sœur du Turanien. Ils disent eux-mêmes que c'est un nom étranger emprunté à un titre que leurs annales historiques disent avoir appartenu au chef d'une nation avec laquelle les ancêtres des Vril-ya étaient, à une période très éloignée, en commerce d'amitié, mais qu'elle était depuis longtemps éteinte; ils ajoutent que, lorsque, après la découverte du vril, ils remanièrent leurs institutions politiques, ils adoptèrent exprès un titre appartenant à une race éteinte et à une langue morte, et le donnèrent à leur premier magistrat, afin d'éviter de donner à cet office un nom qui leur fût déjà familier.

Si Dieu me prête vie, je pourrai peut-être réunir sous une forme systématique les connaissances que j'ai acquises sur cette langue pendant mon séjour chez les Vril-ya. Mais ce que j'en ai dit suffira peut-être pour démontrer aux étudiants philologues qu'une langue qui, en conservant tant de racines de sa forme originaire, s'est déchargée des grossières surcharges de la période synthétique plus ancienne mais transitoire, et qui est arrivée à réunir ainsi tant de simplicité et de force dans sa forme inflexionnelle, doit être l'œuvre graduelle de siècles innombrables et de plusieurs révolutions intellectuelles; qu'elle contient la preuve d'une fusion entre des races de même origine et qu'elle n'a pu parvenir au degré de perfection, dont j'ai donné quelques exemples, qu'après avoir été cultivée sans relâche par un peuple profondément réfléchi. J'aurai plus tard l'occasion de montrer que, néanmoins, la littérature qui appartient à cette langue est une littérature morte, et que l'état actuel de félicité sociale auquel sont parvenus les Ana interdit toute culture progressive de la littérature, surtout dans les deux branches principales : la fiction et l'histoire.

XIII.

Ce peuple a une religion et, quoi qu'on puisse dire contre lui, il présente du moins ces deux particularités étranges : les individus croient tout ce qu'ils font profession de croire et ils pratiquent tous les préceptes de leur croyance. Ils s'unissent dans l'adoration d'un Créateur divin, soutien de l'univers. Ils croient qu'une des propriétés du tout-puissant vril est de transmettre à la source de la vie et de l'intelligence toutes les pensées qu'une créature humaine peut concevoir; et quoiqu'ils ne prétendent pas que l'idée de Dieu est innée, cependant ils disent que l'An (l'homme) est la seule créature, autant que leurs observations sur la nature leur permettent d'en juger, à qui ait été donnée *la faculté de concevoir cette idée*, avec toutes les pensées qui en découlent. Ils affirment que cette faculté est un privilège qui n'a pu être donné en vain et que, par conséquent, la prière et la reconnaissance sont acceptées par le Créateur et nécessaires au complet développement de la créature humaine. Ils offrent leurs prières en public et en particulier. N'étant pas considéré comme appartenant à leur race, je ne fus pas admis dans le temple où l'on célèbre le culte en public; mais on m'a dit que les offices étaient très courts et sans aucune pompe ni cérémonie. C'est une doctrine admise par les Vril-ya que la dévotion profonde ou l'abstraction complète du monde actuel n'est pas un état où l'esprit humain se puisse maintenir longtemps, surtout en public, et que toute tentative faite dans ce but conduit au fanatisme ou à l'hypocrisie. Ils ne prient dans leur intérieur que seuls ou avec leurs enfants.

Ils disent que dans les temps anciens il y avait un grand nombre de livres consacrés à des spéculations sur la nature de la Divinité et sur les croyances et le culte qu'on supposait lui être les plus agréables. Mais il se trouva que ces spéculations conduisaient à des discussions si chaudes et si violentes que non seulement elles troublaient la paix de la communauté et divisaient les familles les plus unies, mais encore que, dans le cours de la discussion sur les attributs de la Divinité, on en venait à discuter l'existence même de la Divinité; ou, ce qui était encore pire, on lui attribuait les passions et les infirmités des humains qui se livraient à ces disputes.

— Car, — disait mon hôte, — puisqu'un être fini comme l'An ne peut en aucune façon définir l'Infini, quand il essaie de se faire une idée de la Divinité, il réduit la Divinité à n'être qu'un An comme lui.

Aussi, dans ces derniers siècles, les spéculations théologiques, sans être interdites, avaient été si peu encouragées qu'elles étaient tombées dans l'oubli.

Les Vril-ya s'accordent à croire à une existence future, plus heureuse et plus parfaite que la vie présente. S'ils ont des notions très vagues sur la doctrine des récompenses et des punitions, c'est peut-être parce qu'ils n'ont parmi eux aucun système de punitions, ni de récompenses ; car ils n'ont pas de crimes à punir, et leur moralité est si égale qu'il n'y a pas un An qui soit regardé en somme comme plus vertueux qu'un autre. Si l'un excelle dans une vertu, l'autre arrivera à la perfection d'une autre vertu ; si l'un a ses faiblesses ou ses défauts dominants, son voisin a aussi les siens. Bref, dans leur vie si extraordinaire, il y a si peu de tentations qu'ils sont bons, selon l'idée qu'ils se font de la bonté, uniquement parce qu'ils vivent. Ils ont quelques notions confuses sur la perpétuité de la vie, une fois accordée, même dans le monde végétal, comme le lecteur pourra en juger dans le chapitre suivant.

XIV.

Les Vril-ya, comme je l'ai déjà dit, évitent toute discussion sur la nature de l'Être Suprême; cependant ils paraissent se réunir dans une croyance par laquelle ils pensent résoudre ce grand problème de l'existence du mal, qui a tant troublé la philosophie du monde supérieur. Ils disent que lorsqu'Il a donné la vie, avec le sentiment de cette vie, si faible qu'il soit, comme dans la plante, la vie n'est jamais détruite; elle passe à une forme nouvelle et meilleure, non pas sur cette planète (ils s'écartent en cela de la méthode vulgaire de la métempsycose), et que l'être vivant garde le sentiment de son identité, de sorte qu'il lie sa vie passée à sa vie future et qu'il a conscience de ses progrès dans l'échelle du bonheur. Car ils disent que, sans cette supposition, ils ne peuvent, suivant les lumières de la raison qui leur ont été accordées, découvrir la parfaite justice qui doit être une des qualités principales de la Sagesse et de la Bonté Suprêmes. L'injustice, disent-ils, ne peut venir que de trois causes : le manque d'intelligence pour discerner ce qui est juste, le manque de bonté pour le désirer, le manque de puissance pour l'accomplir; et que chacun de ces défauts est incompatible avec la Sagesse, la Bonté et la Toute-Puissance Suprêmes. Mais, même pendant cette vie, la sagesse, la bonté et la puissance de l'Être Suprême étant suffisamment apparentes pour nous forcer à les reconnaître, la justice, résultant nécessairement de ces trois attributs, demande d'une façon absolue une autre vie, non seulement pour l'homme, mais pour tous les êtres vivants d'un ordre inférieur. Même dans le monde végétal et animal, nous voyons certains individus devenir, par suite de circonstances tout à fait indépendantes d'eux-mêmes, extrêmement malheureux par rapport à leurs voisins, puisqu'ils n'existent que pour être la proie les uns des autres ; des plantes même sont sujettes à la maladie et périssent d'une façon prématurée, tandis que les plantes qui se trouvent à côté se réjouissent de leur vitalité et passent toute leur existence à l'abri de toute douleur. Selon les Vril-ya, on attribue à tort nos propres faiblesses à l'Être Suprême, quand on prétend qu'il agit par des lois générales, donnant ainsi aux causes secondaires assez de puissance pour tenir en échec la bonté essentielle de la Cause Première ; et c'est concevoir la Bonté Suprême d'une façon plus basse et plus ignorante encore, que d'écarter avec dédain toute considération de justice à l'égard des myriades de formes en qui le Tout-Puissant a infusé la vie, pour dire que la justice est due seulement à l'An. Il n'y a ni grand ni petit aux yeux du divin Créateur. Mais si l'on reconnaît qu'aucun être, si humble qu'il soit, qui a conscience de sa vie et de sa souffrance, ne peut périr à travers la suite des siècles ; que toutes les souffrances d'ici-bas, même si elles durent du moment de la naissance à celui du passage à un meilleur monde, durent moins, comparées à l'éternité, que le cri du nouveau-né comparé à la vie de l'homme; si l'on admet que l'être vivant garde à l'époque de sa transmigration le sentiment de son identité, sans lequel il n'aurait pas connaissance de sa vie nouvelle, et bien que les voies de la justice divine soient au-dessus de la portée de notre intelligence, cependant nous avons le droit de croire qu'elles sont uniformes et universelles, et non pas variables et partiales, comme elles le seraient si elles n'agissaient que par les lois de la nature; car cette justice est nécessairement parfaite, puisque la Suprême Sagesse doit la concevoir, la Suprême Bonté la vouloir, et la Suprême Puissance l'accomplir.

Quelque fantastique que puisse paraître cette croyance des Vril-ya, elle tend peut-être à fortifier le système politique qui, admettant divers degrés de richesse, établit cependant une parfaite égalité de rangs, une douceur extrême dans toutes les relations, et une grande tendresse pour toutes les créatures que le bien de la communauté n'oblige pas à détruire. Cette idée d'une réparation due à un insecte torturé, à une fleur piquée par un ver, peut nous sembler une bizarrerie puérile, du moins elle ne peut faire aucun mal. Il est doux de penser que dans les profondeurs de la terre, que n'ont jamais éclairées un rayon de lumière de notre ciel matériel, a pénétré une conviction si lumineuse de l'ineffable bonté du Créateur, qu'on y croit si fermement que les lois générales par lesquelles Il agit ne peuvent admettre aucune injuste partialité, aucun mal, et ne peuvent être comprises que si l'on embrasse leur action dans l'infini de l'espace et du temps. Et puisque, comme j'aurai occasion de le faire observer plus tard, le système politique et social de cette race souterraine réunit et réconcilie les grandes doctrines en apparence opposées, qui de temps en temps sur cette terre apparaissent, sont discutées, puis oubliées, et reparaissent encore parmi les philosophes ou les rêveurs, je puis me permettre de placer ici quelques lignes d'un savant terrestre. En regard de cette croyance des Vril-ya à la perpétuité de la vie et de la conscience chez les créatures inférieures aussi bien que chez l'homme, je veux mettre un passage éloquent de l'ouvrage d'un éminent zoologiste, Louis Agassiz. Je viens de le retrouver, bien des années après que j'avais confié au papier ces souvenirs de la vie des Vril-ya, dans lesquels j'essaye aujourd'hui de mettre un peu d'ordre.

« Les relations de chaque individu animal
« avec son semblable sont telles qu'elles de-
« vraient depuis longtemps être regardées
« comme une preuve suffisante qu'aucun être
« organisé n'a pu être appelé à l'existence que
« par l'intervention directe d'une volonté ré-
« fléchie. C'est là un puissant argument en
« faveur de l'existence, dans chaque animal,
« d'un principe immatériel semblable à celui
« qui, par son excellence et ses dons supérieurs,
« place l'homme à un rang si élevé au-dessus
« de l'animal; cependant le principe existe cer-
« tainement, et, qu'on l'appelle sens, raison,
« ou instinct, il présente dans toute la chaîne
« des êtres organisés une série de phénomènes
« étroitement enchaînés les uns aux autres.
« C'est de ce principe que dérivent, non seule-
« ment les manifestations les plus élevées de
« l'esprit, mais la permanence même des diffé-

« rences spécifiques qui caractérisent chaque
« organisme. La plupart des arguments en fa-
« veur de l'immortalité de l'homme s'appli-
« quent également à la permanence de ce prin-
« cipe chez les autres êtres vivants. Ne puis-je
« pas ajouter que si, dans la vie future, l'homme
« était privé de cette grande source de jouis-
« sance et de progrès moral et intellectuel,
« qui consiste dans la contemplation des har-
« monies d'un monde organisé, ce serait là
« une perte immense? Et ne pouvons-nous con-
« sidérer le concert spirituel des mondes et de
« tous leurs habitants réunis en présence de
« leur Créateur comme la plus haute concep-
« tion du Paradis ? » (*Essai sur la Classifica-*
« *tion*, Sect. XVII, p. 97-99.)

XV.

Malgré la bonté de tous mes hôtes, la fille d'Aph-Lin se montrait encore plus délicate et plus prévoyante que les autres dans ses attentions pour moi. Sur son conseil, je quittai les vêtements sous lesquels j'étais descendu du monde supérieur et j'adoptai le costume des Vril-ya, à l'exception des ailes mécaniques, qui leur servaient comme d'un gracieux manteau quand ils marchaient. Mais comme à la ville beaucoup de Vril-ya ne portaient pas ces ailes, cette exception ne créait pas une différence marquée entre moi et la race au milieu de laquelle je séjournais, et je pus ainsi visiter la cité sans exciter une curiosité désagréable. Hors de la famille, personne ne savait que je venais du monde supérieur, et je n'étais regardé que comme un membre de quelque tribu inférieure et barbare, auquel Aph-Lin donnait l'hospitalité.

La ville était grande, eu égard au territoire qui l'entourait et qui n'était pas beaucoup plus vaste que les propriétés de certains nobles anglais ou hongrois ; mais toute cette étendue, jusqu'à la chaîne de rochers qui en formait la frontière, était cultivée avec le plus grand soin, excepté dans certaines portions des montagnes ou des pâturages abandonnées aux animaux que les Vril-ya apprivoisaient, mais dont ils ne se servaient pour aucun usage domestique. Leur bonté envers ces créatures plus humbles est si grande, qu'une somme est consacrée par le trésor public à les transporter dans d'autres tribus de Vril-ya disposées à les recevoir (surtout dans les nouvelles colonies), quand ils deviennent trop nombreux pour les pâturages qu'on leur a abandonnés. Ils ne se multiplient cependant pas aussi vite que le font chez nous les animaux destinés à être mangés. Il semble que ce soit une loi de la nature que les animaux inutiles à l'homme s'éloignent des pays qu'il occupe et même disparaissent complètement. Il existe dans les divers États, entre lesquels se partagent les Vril-ya, une vieille coutume qui est de laisser entre les frontières de deux États un terrain neutre et non cultivé. Pour la tribu dont je m'occupe, cette frontière, composée d'une chaîne de rochers sauvages, ne pouvait pas être franchie à pied, mais on la passait aisément à l'aide des ailes ou des bateaux aériens dont je parlerai plus loin. On y avait aussi ouvert des routes pour des véhicules mus par le vril. Ces chemins de communication étaient toujours éclairés et la dépense en était couverte par une taxe spéciale, à laquelle toute la communauté participait sous la dénomination de contribution Vril-ya dans une proportion convenue. Par le moyen de ces routes, un commerce considérable se faisait avec les États voisins ou même éloignés. La richesse de ce peuple venait surtout de l'agriculture. Il est aussi remarquable pour son adresse à fabriquer les outils qui servent au labourage. En échange de ces marchandises, il recevait des articles de luxe plutôt que de nécessité. Il ne payait presque aucune marchandise d'importation aussi cher que les oiseaux élevés à chanter des airs compliqués. Ces oiseaux venaient de fort loin ; leur chant et leur plumage étaient également admirables. On me dit que ceux qui les élevaient et leur apprenaient à chanter mettaient un grand soin à les choisir, et que les espèces s'étaient beaucoup améliorées depuis quelques années. Je ne vis chez ce peuple aucun autre animal destiné à l'amusement, à l'exception de quelques êtres très curieux de la famille des Batraciens, semblables à nos grenouilles, mais avec une physionomie très intelligente ; les enfants les aimaient beaucoup et les gardaient dans leurs jardins particuliers. Ils ne paraissent pas avoir d'animaux analogues à nos chiens et à nos chevaux, bien que Zee, ce savant naturaliste, me dit que des créatures pareilles avaient existé autrefois dans ces parages et qu'on en trouvait encore dans certaines régions habitées par d'autres races que celle des Vril-ya. Elle me dit qu'ils avaient disparu peu à peu du monde plus civilisé depuis la découverte du vril, qui les avait rendus inutiles. La mécanique et l'emploi des ailes avaient détrôné le cheval comme bête de somme, et l'on n'avait plus besoin du chien, soit pour se protéger, soit pour aller à la chasse, comme cela arrivait aux ancêtres des Vril-ya, quand ils craignaient les agressions de leurs semblables ou chassaient pour se procurer leur nourriture. Cependant, en ce qui concernait le cheval, cette région était si montagneuse qu'un cheval n'y aurait pas été d'une grande utilité, comme animal de luxe ou comme bête de somme. Le seul animal qu'ils emploient à ce dernier usage est une espèce de grande chèvre dont ils se servent dans leurs fermes. On peut dire que la nature du sol dans ces districts a donné la première idée des ailes et des bateaux aériens. L'étendue de la ville est due à l'habitude d'entourer chaque maison d'un jardin séparé. La rue principale, dans laquelle habitait Aph-Lin, s'élargissait en une vaste place carrée sur laquelle se trouvaient le Collège des Sages et toutes les administrations publiques; une magnifique fontaine du fluide lumineux, que j'appellerai naphte (j'en ignore la véritable nature), occupait le centre de cette place. Tous ces édifices publics ont un caractère uniforme de solidité massive. Ils me rappelaient l'architecture des tableaux de Martin. Tout le long de l'étage supérieur courait un vaste balcon, ou jardin suspendu, soutenu par des colonnes ; ce jardin était rempli de plantes en fleurs et habité par différentes espèces d'oiseaux apprivoisés. Diverses rues partaient de cette place, toutes larges et brillamment illuminées ; elles remontaient de chaque côté vers les hauteurs. Dans mes excursions à travers la ville, j'étais toujours accompagné par Aph-Lin ou par sa fille. Dans cette tribu, la Gy adulte peut se promener aussi familièrement avec un jeune An qu'avec une femme.

Les magasins de détail ne sont pas nombreux ; les chalands sont servis par des enfants de divers âges, extrêmement intelligents et polis, mais sans la plus légère nuance d'importunité ou de servilité. Le marchand n'est pas toujours présent ; quand il est là, il ne paraît pas fort occupé de ses affaires ; cependant il n'a choisi cette profession que parce qu'elle lui plaisait et nullement pour accroître sa fortune.

Quelques-uns des plus riches citoyens du pays tiennent de ces magasins. Comme je l'ai déjà dit, on ne reconnaît dans ce pays aucune supériorité de rang, et par conséquent toutes les occupations sont regardées comme égales au point de vue social. L'An, chez lequel j'achetai mes sandales, était le frère du Tur, ou magistrat principal; et quoique son magasin ne fût pas plus grand que celui d'un relieur de Bond Street ou de Broadway, on me dit qu'il était deux fois plus riche que le Tur, qui habitait un véritable palais. Sans doute il possédait aussi une maison de campagne.

Les Ana de cette tribu sont, en somme, fort indolents après l'âge actif de l'enfance. Soit par tempérament, soit par philosophie, ils mettent le repos au rang des plus grandes bénédictions de la vie. Il est vrai que quand on enlève à un être humain les motifs d'activité qu'il puise dans la cupidité ou l'ambition, il ne paraît pas étrange qu'il se repose tranquillement.

Dans leurs mouvements ordinaires, ils aiment mieux marcher que voler. Mais dans leurs jeux, et pour me servir d'une figure un peu hardie, dans leurs promenades, ils se servent de leurs ailes, comme aussi dans les danses aériennes que j'ai décrites et dans les visites à leurs maisons de campagne, qui sont presque toutes situées sur des hauteurs; quand ils sont jeunes, ils préfèrent aussi leurs ailes à tout autre moyen de locomotion, pour accomplir leurs voyages dans les autres régions des Ana.

Ceux qui s'exercent au vol peuvent voler, sinon aussi vite que certains oiseaux voyageurs, du moins de façon à faire quarante à cinquante kilomètres à l'heure et conservent cette vitesse pendant cinq ou six heures. Mais la plupart des Ana parvenus à l'âge adulte n'aiment plus les mouvements rapides qui exigent un effort vigoureux. C'est peut-être pour cette raison, comme ils pensent, d'accord sans doute avec la plupart de nos médecins, que la transpiration régulière par les pores de la peau est essentielle à la santé, qu'ils font usage des bains de vapeur que nous nommons bains turcs ou bains russes, suivis de douches d'eau parfumée. Ils ont une grande foi dans l'influence salutaire de certains parfums.

Ils ont aussi l'habitude, à des périodes déterminées mais rares, peut-être quatre fois par an, quand ils sont en bonne santé, de faire usage d'un bain chargé de vril (1). Ils disent que ce fluide, employé avec ménagement, fortifie la santé ; mais que si l'on en fait un trop grand usage, lorsqu'on se porte bien, il produit une réaction qui épuise la vitalité. Toutefois, dans presque toutes leurs maladies, ils recourent au vril comme au plus actif des remèdes qui puissent aider la nature à repousser le mal.

Ils sont, à leur façon, le plus luxueux des peuples, mais toutes les délicatesses de leur luxe sont innocentes. On peut dire qu'ils vivent dans une atmosphère de musique et de parfums. Toutes les chambres ont des appareils mécaniques destinés à produire des sons mélodieux, dans des tons si doux qu'on dirait des murmures d'esprits invisibles. Ils sont trop accoutumés à ces sons légers pour en être gênés

---

(1) J'ai fait usage une fois du bain de vril. Il ressemblait beaucoup par ses propriétés fortifiantes aux bains de Gastein, dont beaucoup de médecins attribuent la puissance à l'électricité ; mais les effets du bain de vril sont plus durables.

dans leurs conversations, ou même, quand ils sont seuls, dans leurs réflexions. Mais ils pensent que respirer un air constamment chargé de mélodies et de parfums a pour effet d'adoucir et d'élever le caractère et les pensées. Quoiqu'ils soient très sobres, ils ne mangent d'autre nourriture animale que le lait et s'abstiennent absolument de toute boisson enivrante ; ils sont extrêmement délicats et difficiles à l'endroit de la nourriture et de la boisson. Dans tous leurs amusements, les vieillards montrent une gaieté enfantine. Le but auquel ils tendent est le bonheur, qu'ils ne cherchent pas dans l'excitation d'un plaisir passager, mais dans les conditions habituelles de leur existence tout entière, et l'exquise aménité de leurs manières montre quel respect ils ont pour le bonheur des autres.

La conformation de leur crâne présente des différences marquées à l'égard de toutes les races connues du monde supérieur, et je ne puis m'empêcher de penser que la forme du leur est un développement, produit par des siècles sans nombre, du type Brachycéphalique de l'Age de pierre dont parle Lyell dans ses *Éléments de Géologie*, ch. x, p. 113, en le comparant avec le type Dolichocéphalique du commencement de l'Age de fer, correspondant à celui qui est aujourd'hui si commun parmi nous, et qu'on appelle type Celtique. Le crâne des Vril-ya a le même front massif et non pas fuyant comme dans le type Celtique, la même rondeur égale dans les organes frontaux, mais il est plus élevé au sommet, et moins prononcé dans l'hémisphère postérieur où les phrénologues placent les organes animaux. Pour parler la langue des phrénologues, le crâne commun aux Vril-ya a les organes du poids, du nombre, de la musique, de la forme, de l'ordre, de la causalité, très largement développés; ceux de la constructivité beaucoup plus prononcés que ceux de l'idéalité. Ceux qu'on appelle les organes moraux, comme ceux de la conscience ou de la bienfaisance, sont extraordinairement pleins; ceux de l'amativité et de la combativité sont très petits; celui de la ténacité très grand; l'organe de la destructivité (c'est-à-dire de la disposition à supprimer tous les obstacles) est immense, moins pourtant que celui de la bienfaisance, et celui de la philogéniture prend plutôt le caractère de la compassion et de la tendresse pour les êtres qui ont besoin de protection et de secours, que celui de l'amour animal de la progéniture.

Je n'ai pas rencontré une seule personne difforme ou boiteuse. La beauté de leur physionomie ne consiste pas seulement dans la symétrie des traits, mais dans l'égalité de la peau, qui se maintient sans rides jusqu'à la vieillesse la plus avancée, et dans une douce sérénité d'expression jointe à cette majesté que donne le sentiment de la force et d'une complète sécurité physique et morale. C'est cette douceur même, jointe à cette majesté, qui inspirait à un spectateur comme moi, accoutumé à lutter avec les passions de l'humanité, un sentiment d'humilité et de crainte respectueuse. C'est une expression qu'un peintre pourrait donner à un demi-dieu, à un génie, à un ange. Les hommes, chez les Vril-ya, sont entièrement imberbes, les Gy-ei en vieillissant ont quelquefois une petite moustache.

Je remarquai avec surprise que la couleur de leur peau n'était pas uniformément celle que j'avais remarquée chez les premiers individus que j'avais rencontrés ; quelques-uns l'avaient beaucoup plus blanche, avec des yeux bleus et des cheveux d'un brun doré ; cependant leur teint était d'un ton plus chaud et plus riche que celui des peuples du nord de l'Europe.

On me dit que ce mélange de couleurs venait de mariages contractés avec les membres d'autres tribus lointaines des Vril-ya qui, soit par suite de la différence des climats, soit à cause de la diversité d'origine, étaient plus blanches que la tribu chez laquelle j'habitais. On regardait comme une preuve d'antiquité la couleur rouge la plus foncée ; mais les Ana n'attachaient aucune idée d'orgueil à cette antiquité ; ils étaient au contraire persuadés que leur supériorité venait de croisements fréquents avec d'autres familles différentes et cependant parentes, ils encourageaient ces mariages pourvu que les conjoints fussent toujours des membres de la famille des Vril-ya. Quant aux nations qui n'adoptaient pas les mœurs et les institutions des Vril-ya et qui passaient pour incapables d'acquérir sur les forces du vril cet empire que tant de générations s'étaient employées à acquérir et à conserver, on les regardait avec plus de dédain que les citoyens de New-York ne regardent les nègres.

J'appris de Zee, plus instruite en toutes choses qu'aucun des hommes avec lesquels j'eus l'occasion de m'entretenir familièrement, que la supériorité des Vril-ya était attribuée à l'intensité de leurs anciennes luttes contre les obstacles de la nature dans les premiers lieux où ils s'étaient fixés.

— Partout, — disait Zee, avec profondeur, — partout où nous rencontrons dans l'histoire de la civilisation cet état où la vie devient une lutte, où l'individu est obligé d'appeler à lui toute son énergie pour rivaliser avec ses compagnons, nous trouvons invariablement le même résultat ; c'est-à-dire que, puisqu'un grand nombre doit périr dans cette lutte, la nature choisit pour les conserver les spécimens les plus vigoureux. Par conséquent, dans notre race, même avant la découverte du vril, les organisations supérieures furent seules conservées, et nos anciens livres contiennent une légende autrefois populaire selon laquelle nous fûmes chassés d'une région qui semblerait être votre monde supérieur, afin de nous perfectionner et d'arriver à l'épuration complète de notre race par l'âpreté des luttes que nos pères eurent à soutenir; et lorsque notre éducation sera achevée, nous sommes destinés à retourner dans le monde supérieur pour y supplanter toutes les races inférieures qui l'occupent aujourd'hui.

Aph-Lin et Zee causaient souvent avec moi de la condition politique et sociale de ce monde supérieur, dont Zee supposait si philosophiquement que les habitants seraient détruits un jour ou l'autre par l'avènement des Vril-ya. Dans mes récits, je continuais à faire tout ce que je pouvais (sans me lancer dans des mensonges assez positifs pour être aisément aperçus par la sagacité de mes auditeurs) pour représenter notre puissance et nous-mêmes sous les couleurs les plus flatteuses. Ils y trouvaient pourtant de perpétuels sujets de comparaison entre les populations les plus civilisées de notre monde et les races souterraines les plus inférieures qu'ils regardaient comme plongées dans une barbarie sans espoir et condamnées à une destruction graduelle, mais certaine. Mais tous deux désiraient dérober à leurs concitoyens toute connaissance prématurée des régions éclairées par le soleil; tous deux étaient humains et frémissaient à la pensée de détruire tant de millions de créatures, et les peintures que je faisais de notre vie, si fortement colorées qu'elles fussent, les attristaient. En vain, je vantais nos grands hommes : poètes, philosophes, orateurs, généraux, et défiais les Vril-ya de nous en présenter autant.

— Hélas! — disait Zee, dont la figure majestueuse prenait une expression d'angélique compassion, — cette domination du petit nombre sur la foule est le signe le plus sûr et le plus fatal d'une sauvagerie incorrigible. Ne voyez-vous pas que la première condition du bonheur mortel consiste à supprimer cette lutte et cette compétition entre les individus, car cette lutte, quelle que soit la forme du gouvernement, subordonne le grand nombre au petit nombre, détruit la liberté réelle des individus en dépit de la liberté nominale de l'État, et ôte à l'existence ce calme sans lequel on ne peut atteindre la félicité spirituelle ou corporelle ? Nous pensons, nous, que plus nous pouvons rapprocher notre existence de celle que nos idées les plus nobles nous représentent comme le partage des âmes au delà du tombeau, plus nous nous rapprochons sur terre d'un bonheur divin, et plus la transition devient facile de cette vie à la vie future. Car, assurément, tout ce que nous pouvons imaginer de la vie des dieux ou des élus suppose l'absence de soucis personnels et de passions rivales, telles que l'avarice et l'ambition. Il nous semble que ce doit être une vie de sereine tranquillité. Sans doute, les facultés intellectuelles ou spirituelles n'y manquent point d'activité, mais cette activité, conforme au tempérament de chacun, n'a rien de forcé ni de répugnant ; dans cette vie charmée par l'échange le plus libre des plus douces affections, l'atmosphère morale doit tuer la haine, la vengeance, l'esprit de contention et de rivalité. Tel est l'état politique auquel toutes les familles et toutes les tribus des Vril-ya cherchent à atteindre, et c'est vers ce but que tendent toutes nos théories gouvernementales. Vous voyez combien une pareille marche est opposée à celle des nations non civilisées d'où vous venez, et qui tendent systématiquement à perpétuer les troubles, les soucis, les passions belliqueuses, de plus en plus funestes à mesure que le progrès de ces peuples devient plus rapide dans la voie où ils marchent. La plus puissante de toutes les races de notre monde, en dehors de la famille des Vril-ya, se regarde comme la mieux gouvernée des sociétés politiques et croit avoir atteint à cet égard le plus haut degré de la sagesse politique, de sorte que les autres nations devraient essayer plus ou moins de l'imiter. Elle a établi, sur ses bases les plus larges, le Koom-Posh, c'est-à-dire le gouvernement des ignorants, d'après ce principe qu'ils sont les plus nombreux. Elle a fait consister le suprême bonheur en une rivalité universelle, de sorte que les passions mauvaises ne sont jamais en repos ; les citoyens sont en lutte pour le pouvoir, pour la richesse, pour tous les genres de supériorité, et dans cette rivalité, c'est quelque chose d'horrible que d'entendre les reproches, les médisances et les calomnies que les meilleurs mêmes et les plus doux d'entre eux accumulent les uns sur les autres sans honte et sans remords.

— Il y a quelques années, — dit Aph-Lin, — j'ai visité ce peuple. Leur misère et leur dégradation étaient d'autant plus effroyables qu'ils se vantaient sans cesse de leur félicité, de leur grandeur comparées à celles du reste des autres peuples de leur race. Il n'y a aucun espoir que ce peuple, qui évidemment ressemble au vôtre, puisse s'améliorer, parce que toutes ses idées tendent à une décadence plus complète. Il désire augmenter de plus en plus son empire en dépit de cette vérité qu'au delà de limites assez restreintes il devient impossible d'assurer à un État le bonheur qui appartient à une famille bien réglée; et plus ils perfectionnent un système par lequel certains individus sont chauffés et gonflés à une taille qui dépasse la petitesse de millions de créatures, plus ils se frottent les mains, et s'écrient fièrement : — « Voyez par quelles grandes exceptions à la petitesse commune de notre race, nous prouvons l'excellence de notre système !

— Bref, — conclut Zee, — si la sagesse de la vie humaine consiste à se rapprocher de la tranquillité sereine des immortels, il ne peut y avoir de système plus opposé à celui-là que celui qui tend à pousser à leur plus haut point les inégalités et les turbulences des mortels. Et je ne vois pas par quelle croyance religieuse des mortels agissant ainsi peuvent arriver à se faire même une idée des joies des immortels auxquels ils espèrent atteindre directement par la mort. Au contraire, des esprits habitués à placer le bonheur dans des choses si antipathiques à la nature divine trouveraient le bonheur des dieux très ennuyeux et désireraient revenir dans un monde où ils pourraient du moins se quereller.

XVI.

J'ai tant parlé de la baguette de vril que mes lecteurs s'attendent peut-être à ce que je la décrive. Je ne puis le faire avec exactitude, car on ne me permit jamais d'en toucher une, de peur que mon ignorance n'occasionnât quelque terrible accident. Elle est creuse; la poignée est garnie de plusieurs arrêts, clefs ou ressorts, par lesquels on peut en changer la force, la modifier et la diriger. Selon la manière dont on s'en sert elle tue ou elle guérit; elle perce un roc, ou chasse les vapeurs; elle affecte les corps, ou exerce une certaine influence sur les esprits. On la porte souvent sous la forme commode d'une canne de promeneur, mais elle est garnie de coulisses qui permettent de l'allonger ou de le raccourcir à volonté. Quand on s'en sert dans un but spécial, on en tient la poignée dans la paume de la main, l'index et le médius en avant. On m'assura, cependant, que la puissance de la baguette n'était pas la même dans toutes les mains, mais proportionnée à ce que l'organisme de chacun contient de vril, ou plutôt de celle des propriétés du vril qui a le plus d'affinité ou de rapport avec l'œuvre à accomplir. Quelques-uns ont plus de puissance pour détruire, d'autres pour guérir, etc., et le résultat dépend beaucoup aussi du calme et de la sûreté de mouvement de l'opérateur. Ils affirment que le plein exercice de la puissance du vril ne peut être atteint que par un tempérament constitutionnel, c'est-à-dire par une organisation héréditairement transmise, et qu'une fille de quatre ans appartenant aux races Vril-ya peut accomplir, avec la baguette mise pour la première fois dans sa main, des effets que le mécanicien le plus fort et le plus habile ne parviendrait pas à exécuter, même quand il se serait exercé toute sa vie, s'il n'appartenait à la race des Vril-ya. Toutes ces baguettes ne sont pas également compliquées ; celles qu'on donne aux enfants sont beaucoup plus simples que celles des adultes des deux sexes ; elles sont construites pour l'occupation spéciale à laquelle les enfants sont attachés ; et, comme je l'ai déjà dit, les plus jeunes enfants sont surtout occupés à détruire. Dans la baguette des femmes et des mères, la force de destruction est généralement supprimée, le pouvoir de guérir atteint son plus haut degré. Je voudrais pouvoir parler plus en détail de ce singulier conducteur du fluide vril, mais le mécanisme en est aussi délicat que les effets en sont merveilleux.

Je dirai cependant que ces peuples ont inventé certains tubes par lesquels le fluide vril peut être conduit vers l'objet qu'il doit détruire, à travers des distances presque indéfinies ; du moins je n'exagère rien en parlant de cinq cents ou six cents kilomètres. Leur science mathématique appliquée à cet objet est si parfaitement exacte, que sur le rapport d'un observateur placé dans un bateau aérien, un membre quelconque du vril peut apprécier sans se tromper la nature des

8.

obstacles, la hauteur à laquelle on doit élever l'instrument, le point auquel on doit le charger, de façon à réduire en cendres une ville deux fois grande comme Londres ou New-York, dans un espace de temps trop court pour que j'ose l'indiquer.

Assurément ces Ana sont des mécaniciens d'une adresse merveilleuse, merveilleuse dans l'application de leurs facultés inventives aux usages pratiques.

J'allai avec mon hôte et sa fille Zee visiter le grand musée public, qui occupe une aile du Collège des Sages, et dans lequel sont conservées, comme spécimens curieux de l'ignorance et des tâtonnements des anciens temps, beaucoup de machines que nous regardons avec orgueil comme des chefs-d'œuvre de notre génie. Dans une des salles, jetés de côté, comme des choses oubliées, se trouvent des tubes destinés à ôter la vie au moyen de boules métalliques et d'une poudre inflammable, dans le genre de nos canons et de nos catapultes, et plus meurtriers que nos inventions les plus modernes.

Mon hôte en parlait avec un sourire de mépris, comme pourrait le faire un officier d'artillerie en voyant les arcs et les flèches des Chinois. Dans une autre salle se trouvaient des modèles de voitures et de vaisseaux mus par la vapeur, et un ballon digne de Montgolfier. Zee prit la parole d'un air pensif.

— Tels étaient, — dit-elle, — les faibles essais de nos sauvages ancêtres, avant qu'ils eussent la plus légère idée des propriétés du vril !

Cette jeune Gy était un magnifique exemple de la force musculaire à laquelle peuvent parvenir les femmes de son pays. Ses traits étaient beaux comme ceux de toute sa race ; je n'ai jamais vu dans le monde supérieur un visage plus majestueux et plus parfait, mais son amour pour les études austères avait donné à sa physionomie une expression pensive qui la rendait un peu sévère quand elle ne parlait pas ; et cette sévérité avait quelque chose de formidable quand on faisait attention à ses amples épaules et à sa grande taille. Elle était grande même pour une Gy et je l'ai vue soulever un canon avec autant d'aisance que j'en pourrais mettre à manier un pistolet de poche. Zee m'inspirait une terreur profonde, qui ne fit que s'accroître quand nous arrivâmes dans la salle du musée où l'on conservait les modèles des machines mues par le vril; par un certain mouvement de sa baguette, et en se tenant à distance, elle mit en mouvement des corps pesants et énormes. Elle semblait les douer d'intelligence, elle s'en faisait comprendre et les contraignait d'obéir. Elle mit en mouvement des machines fort compliquées, arrêta ou continua le mouvement, jusqu'à ce que, dans un espace de temps prodigieusement court, elle eût changé des matériaux grossiers de diverses sortes en œuvres d'art, régulières, complètes et parfaites. Tous les effets que produisent le mesmérisme ou l'électro-biologie sur les nerfs et les muscles des êtres vivants, Zee les produisit par un simple mouvement de sa baguette sur les roues et les ressorts de machines inanimées.

Comme je faisais part à mes compagnons de la surprise que me causait cette influence sur les objets inanimés, avouant que dans notre monde j'avais vu que certaines organisations vivantes exercent sur d'autres organisations vivantes une influence réelle, mais souvent exagérée par la crédulité ou le mensonge, Zee, qui s'intéressait plus que son père à ces questions, me pria d'étendre la main et, plaçant la sienne à côté, elle appela mon attention sur certaines différences de type et de caractère. D'abord, le pouce de la Gy (et dans toute cette race, comme je l'observai plus tard, il en est de même pour les deux sexes) est beaucoup plus large, plus long et plus massif que le nôtre. Il y a presque autant de différence qu'entre le pouce d'un homme et celui d'un gorille. Secondement, la paume est proportionnellement plus épaisse que la nôtre, la texture de la peau est infiniment plus fine et plus douce, la chaleur moyenne plus intense. Ce que je remarquai surtout, c'est un nerf visible et facile à sentir sous la peau, qui part du poignet, contourne le gras du pouce, et se partage comme une fourche à la racine de l'index et du médius.

— Avec votre faible pouce, — me dit la jeune savante, — et sans ce nerf, que vous trouvez plus ou moins développé dans notre race, vous ne pouvez obtenir qu'une influence faible et imparfaite sur le vril ; mais en ce qui regarde le nerf, on ne le trouve pas chez nos premiers ancêtres ni chez les tribus les plus grossières qui n'appartiennent pas aux Vril-ya. Il s'est lentement développé dans le cours des générations, commençant avec les premiers progrès et s'accroissant par un exercice continuel de la puissance du vril ; par conséquent, dans le cours de mille ou deux mille ans un nerf semblable pourrait se former chez les êtres supérieurs de votre race qui se consacreraient à cette science par excellence, qui soumet au vril les forces les plus subtiles de la nature. Mais vous parlez de la matière comme d'une chose en elle-même inerte et immobile ; assurément vos parents ou vos institutions n'ont pu vous laisser ignorer qu'il n'y a pas de matière inerte : chaque particule est constamment en mouvement et constamment soumise aux agents parmi lesquels la chaleur est la plus apparente et la plus rapide, mais le vril est le plus subtil et le plus puissant quand on sait s'en servir. En fait, le courant, lancé par ma main et guidé par ma volonté, ne fait que rendre plus prompte et plus forte l'action qui agit éternellement sur toutes les particules de la matière, quelque inerte et immobile qu'elle paraisse. Si une masse de métal n'est pas capable de produire une pensée par elle-même, son mouvement intérieur la rend pénétrable à la pensée de l'agent intellectuel qui le travaille ; et lorsque cette pensée est accompagnée d'une force suffisante de vril, le métal est aussi contraint d'obéir que s'il était transporté par une force matérielle visible. Il est animé pendant ce temps par l'âme qui le pénètre, de sorte qu'on peut presque dire qu'il vit et qu'il raisonne. Sans cela nous ne pourrions pas remplacer les domestiques par nos automates.

Je respectais trop les muscles et la science de la jeune Gy pour me hasarder à discuter avec elle. J'avais lu quelque part, quand j'étais écolier, qu'un sage, discutant avec un empereur romain, s'était brusquement arrêté, et comme l'empereur lui demandait s'il n'avait plus rien à dire en faveur de son opinion, il répondit : —

— Non, César, il est inutile de discuter contre un homme qui commande à vingt-cinq légions.

J'étais secrètement persuadé que quels que fussent les effets réels du vril sur la matière, M. Faraday aurait pu prouver à la jeune Gy qu'elle en comprenait mal la nature et les causes; mais je n'en restais pas moins convaincu que Zee aurait pu assommer tous les Membres de la Société Royale des Sciences, les uns après les autres, d'un coup de poing. Tout homme raisonnable sait qu'il est inutile de discuter avec une femme ordinaire sur des choses qu'on comprend; mais discuter avec une Gy de sept pieds sur les mystères du vril, autant eût valu discuter dans le désert avec le simoun!

Parmi les salles du musée du Collège des Sages, celle qui m'intéressa le plus était la salle consacrée à l'archéologie des Vril-ya et renfermant une très ancienne collection de portraits. Les couleurs et les corps sur lesquels elles étaient appliquées étaient si indestructibles, que les tableaux, qu'on faisait remonter à une date presque aussi ancienne que celles que mentionnent les plus vieilles annales des Chinois, conservaient une grande fraîcheur de coloris. Comme j'examinais cette collection, deux choses me frappèrent surtout : la première, c'est que les peintures qu'on disait vieilles de six ou sept mille ans étaient bien supérieures, sous le rapport de l'art, à celles qui avaient été exécutées depuis trois ou quatre mille ans ; la seconde, c'est que les portraits de la première période se rapprochaient beaucoup du type de la race européenne du monde supérieur. Quelques-uns me rappelèrent vraiment les têtes italiennes des peintures du Titien, qui expriment si bien l'ambition ou la ruse, les soucis ou le chagrin, avec des rides qui sont comme des sillons creusés par les passions sur le visage qu'elles labourent. C'étaient bien là des portraits d'hommes qui avaient vécu dans la lutte et la guerre avant que la découverte des forces latentes du vril eût changé le caractère de la société, d'hommes qui avaient combattu pour la gloire ou pour le pouvoir, comme nous le faisons maintenant dans notre monde.

Le type commence visiblement à se modifier environ mille ans après la découverte du vril. Il devient dès lors de plus en plus calme à chaque génération nouvelle, et ce calme marque une différence de plus en plus profonde entre les Vril-ya et les hommes livrés au travail et au péché; mais à mesure que la beauté et la grandeur de la physionomie s'accentuaient davantage, l'art du peintre devenait plus froid et plus monotone.

Mais la plus grande curiosité de la collection c'étaient trois portraits appartenant aux âges anté-historiques et, suivant la tradition mythologique, faits par les ordres d'un philosophe, dont l'origine et les attributs étaient autant mêlés de fables symboliques, que ceux d'un Bouddha indien ou d'un Prométhée grec.

C'est à ce personnage mystérieux, à la fois un sage et un héros, que toutes les principales races des Vril-ya font remonter leur origine.

Les portraits dont je parle sont ceux du philosophe lui-même, de son grand-père et de son arrière-grand-père. Ils sont tous de grandeur naturelle. Le philosophe est vêtu d'une longue tunique qui semble former un vêtement lâche et comme une armure écailleuse, empruntée peut-être à quelque poisson ou à quelque reptile, mais les pieds et les mains sont nus; les doigts des uns et des autres sont très longs et palmés. La gorge est à peine visible, le front bas et fuyant ; ce n'est pas du tout l'idée qu'on se fait d'un sage. Les yeux sont proéminents, noirs, brillants, la bouche très grande, les pommettes saillantes, et le teint couleur de boue. Suivant la tradition, ce philosophe avait vécu jusqu'à un âge patriarcal, dépassant plusieurs siècles, et il se souvenait d'avoir vu son grand-père, quand lui-même n'était qu'un homme d'un âge moyen, et son bisaïeul quand il était enfant ; il avait fait ou fait faire le portrait du premier pendant sa vie ; celui du second avait été pris sur sa momie. Le portrait du grand-père avait les traits et l'aspect de celui du philosophe, mais encore exagérés ; il était nu et la couleur de son corps était singulière : la poitrine et le ventre étaient jaunes, les épaules et les bras d'une couleur bronzée ; le bisaïeul était un magnifique spécimen du genre Batracien, une Grenouille Géante purement et simplement.

Parmi les pensées profondes que ce philosophe, suivant la tradition, avait léguées à la postérité sous une forme rythmée, dans une sentencieuse concision, on cite celle-ci : « Humiliez-vous, mes descendants ; le père de votre race était un Têtard : enorgueillissez-vous, mes descendants, car c'est la même Pensée Divine qui créa votre père, qui se développe en vous exaltant. »

Alph-Lin me conta cette fable pendant que je regardais les trois portraits de ces Batraciens.

— Vous vous riez de mon ignorance supposée et de ma crédulité de Tish sans éducation, — lui répondis-je, — mais quoique ces horribles croûtes puissent être fort anciennes et qu'elles aient voulu être, dans le temps, quelques grossières caricatures, je suppose que personne, parmi les gens de votre race, même dans les âges les moins éclairés, n'a jamais cru que l'arrière-petit-fils d'une Grenouille ait pu devenir un philosophe sentencieux ; ou qu'aucune famille, je ne dirai pas de Vril-ya, mais de la variété la plus vile de la race humaine, descende d'un Têtard.

— Pardonnez-moi, — répondit Alph-Lin, — pendant l'époque que nous nommons la Période Batailleuse ou Philosophique de l'Histoire, qui remonte à environ sept mille ans, un naturaliste très distingué prouva, à la satisfaction de ses nombreux disciples, qu'il y avait tant d'analogie entre le système anatomique de la Grenouille et celui de l'An, qu'on en conclut que l'un avait dû descendre de l'autre. Ils avaient en commun quelques maladies; ils étaient sujets à avoir dans les intestins les mêmes vers parasites; et, ce qu'il y a d'étrange à dire, c'est que l'An a dans son organisme la même vessie natatoire, devenue parfaitement inutile, mais qui, subsistant à l'état de rudiment, prouve jusqu'à l'évidence que l'An descend directement de la Grenouille. On ne peut alléguer contre cette théorie la différence de taille, car il existe encore dans notre monde des Grenouilles d'une taille peu inférieure à la nôtre et qui paraissent avoir été encore plus grandes il y a quelques milliers d'années.

— Je comprends cela, — dis-je, — car d'après nos plus éminents géologues, qui les ont peut-être vues en rêve, d'énormes Grenouilles ont dû habiter le monde supérieur avant le Déluge et de telles Grenouilles sont bien les êtres qui devaient vivre dans les lacs et les marais de votre monde souterrain. Mais, je vous en prie, continuez.

— Pendant la Période Batailleuse de l'Histoire, on était sûr que ce qu'un sage affirmait était contredit par un autre. C'était, en effet, une maxime reçue que la raison humaine ne pouvait se soutenir sans être ballottée par le mouvement perpétuel de la contradiction ; aussi une autre école de philosophie soutint-elle que l'An n'était pas descendu de la Grenouille, mais que la Grenouille était, au contraire, le perfectionnement de l'An. La structure de la Grenouille, dans son ensemble, est plus symétrique que celle de l'An ; à côté de l'admirable structure de ses membres inférieurs, de ses flancs et de ses épaules, la plupart des Ana de ce temps paraissaient difformes et étaient certainement mal faits. De plus, la Grenouille pouvait vivre également sur terre et dans l'eau : privilège précieux, marque d'une nature spirituelle refusée à l'An, puisque celui-ci ne se servait plus de sa vessie natatoire, ce qui prouve qu'il était dégénéré d'une forme plus élevée. De plus, les races les plus anciennes des Ana semblent avoir été couvertes de poils, et, même à une date comparativement rapprochée, des touffes hérissées défiguraient le visage de nos ancêtres, s'étendant d'une façon sauvage sur leurs joues et leur menton, comme chez vous, mon pauvre Tish. Mais depuis des générations sans nombre, les Ana ont toujours essayé d'effacer tout vestige de ressemblance entre eux et les vertébrés couverts de poils, et ils ont graduellement fait disparaître cette sécrétion pileuse, qui les avilissait, par la loi de la sélection sexuelle ; les Gy-ei préférant naturellement la jeunesse ou la beauté des figures unies. Mais le degré qu'occupe la Grenouille dans l'échelle des vertébrés est démontré par ceci qu'elle n'a pas du tout de poils, pas même sur la tête. Elle naît avec ce degré de perfection auquel les Ana, malgré les efforts de siècles incalculables, n'ont pu atteindre encore. La complication merveilleuse et la délicatesse du système nerveux et de la circulation artérielle d'une Grenouille servaient, à cette école, d'argument pour démontrer que la Grenouille était plus susceptible d'éprouver des jouissances que notre organisation inférieure ou du moins plus simple. L'examen de la main d'une Grenouille, si je puis parler ainsi, servait à expliquer sa disposition plus vive à l'amour et à la vie sociale en général. Bref, quelque aimants et sociables que soient les Ana, les Grenouilles le sont encore plus. Enfin, ces deux écoles firent rage l'une contre l'autre ; l'une affirmant que l'An était la Grenouille perfectionnée ; l'autre, que la Grenouille était le plus haut développement de l'An. Les moralistes se partagèrent aussi bien que les naturalistes ; cependant, le plus grand nombre se rangea du côté de ceux qui préféraient la Grenouille. Ils disaient avec beaucoup de justesse que, dans la conduite morale (c'est-à-dire dans l'observation des règles les plus utiles à la santé et au bien commun de l'individu et de la société), la Grenouille avait une supériorité immense et incontestable. Toute l'histoire démontrait l'immoralité absolue de la race humaine, le mépris complet, même des humains les plus renommés, pour les lois qu'ils avaient reconnues être essentielles à leur bonheur ou à leur bien-être particulier et général. Mais le critique le plus sévère des Grenouilles ne pourrait trouver dans leurs mœurs un seul moment d'oubli des lois morales qu'elles ont tacitement reconnues. Et après tout, à quoi sert la civilisation si la supériorité de la conduite morale n'est pas le but auquel elle tend et la pierre de touche de ses progrès? Enfin, les partisans de cette théorie supposaient qu'à une époque reculée, la Grenouille avait été le développement perfectionné de la race humaine; mais que, par des causes qui défiaient les conjectures de notre raison, elle n'avait pu maintenir son rang dans l'échelle de la nature, tandis que l'An, quoique inférieur par son organisation, avait, en se servant moins de ses vertus que de ses vices, comme la férocité et la ruse, acquis un certain ascendant; de même que dans la race humaine, des tribus complètement barbares ont, par leur supériorité dans de tels vices, détruit ou réduit à presque rien les tribus qui leur étaient supérieures par l'intelligence et la culture. Malheureusement ces disputes se mêlèrent aux notions religieuses de cette époque, et comme la société était alors administrée par le gouvernement du Koom-Posh, qui, étant composé d'ignorants, était par conséquent très excitable, la multitude prit la question des mains des philosophes ; les chefs politiques virent que la question Grenouille pouvait, la populace s'y intéressant, devenir un instrument utile à leur ambition, et pendant au moins mille ans les guerres et les massacres furent à l'ordre du jour : pendant ce temps, les philosophes des deux partis furent mis en pièces et le gouvernement du Koom-Posh lui-même fut heureusement renversé par l'ascendant d'une famille qui prouva clairement qu'elle descendait du premier Têtard et qui donna des souverains despotiques à toutes les nations des Vril-ya. Ces despotes disparurent finalement, du moins de nos communautés, lorsque la découverte du vril amena les paisibles institutions sous lesquelles prospèrent toutes les races des Vril-ya.

— Est-ce qu'il n'y a plus maintenant de disputeurs ni de philosophes disposés à renouveler la querelle ; ou reconnaissent-ils tous la descendance du Têtard?

— Non ; — dit Zee, avec un superbe sourire, — ces querelles appartiennent au Pah-Bodh des âges d'ignorance et ne servent maintenant qu'à l'amusement des enfants. Quand on sait de quels éléments se composent nos corps, éléments qui nous sont communs avec la plus humble plante, est-il besoin de savoir si le Tout-Puissant a tiré ces éléments d'une substance plutôt que de l'autre, afin de créer l'être auquel Il a donné la faculté de Le comprendre et qu'Il a doué de toutes les grandeurs intellectuelles qui découlent de cette connaissance? L'An a commencé à exister comme An au moment où il a été doué de cette faculté, et, avec cette faculté, de la persuasion que de quelque façon que sa race se perfectionne à travers une suite de siècles, elle n'aura jamais le pouvoir d'animer et de combiner les éléments, de façon à former même un Têtard.

— Tu parles sagement, Zee, — dit Aph-Lin, — et c'en est assez pour nous, mortels à courte existence, d'avoir une assurance raisonnable que, soit que l'An descende ou non du Têtard, il ne peut pas plus revenir à cette forme que les institutions des Vril-ya ne peuvent retomber dans les fondrières et la corruption désordonnée d'un Koom-Posh.

XVII.

Les Vril-ya, privés de la vue des corps célestes et ne connaissant d'autre différence entre la nuit et le jour que celle qu'ils jugent à propos d'établir eux-mêmes, ne divisent naturellement pas le temps comme nous ; mais je trouvai facile à l'aide de ma montre, que j'avais heureusement conservée, d'arriver à calculer les heures avec une grande exactitude. Je réserve pour un ouvrage futur sur les sciences et la littérature des Vril-ya, si le ciel me prête vie, tous les détails sur la façon dont ils arrivent à diviser le temps. Je me contenterai de dire ici que leur année diffère peu de la nôtre pour la durée, mais leurs divisions ne sont pas du tout les mêmes. Leur jour, en y comprenant ce que nous appelons la nuit, se compose de vingt heures, au lieu de vingt-quatre, et naturellement leur année comprend un nombre proportionné de jours de plus. Ils subdivisent ainsi les vingt heures de leur jour : huit heures (1), appelées Heures Silencieuses, pour le repos ; huit heures, appelées Heures Sérieuses, pour leurs affaires et leurs occupations, et quatre heures, appelées Heures Oisives, par lesquelles se termine ce que j'appelle leur jour ; elles sont consacrées aux amusements, aux jeux, aux récréations, aux conversations familières suivant le goût ou le désir de chacun. Mais, hors des maisons, il n'y a pas de véritable nuit. Ils entretiennent dans les rues et dans la campagne environnante jusqu'aux limites du territoire la même quantité de lumière. Seulement, dans les maisons, ils la diminuent de façon à en faire un doux crépuscule pendant les Heures Silencieuses. Les Vril-ya ont une horreur profonde de l'obscurité absolue et leurs lumières ne sont jamais complètement éteintes. Dans les

(1) Pour ma commodité, j'adopte les mots : heures, jours, années, etc., en tout ce qui se rapporte aux subdivisions générales du temps chez les Vril-Ya. Ces termes ne correspondent pas, d'une façon absolue, avec ces subdivisions.

occasions de réjouissance, ils laissent à leurs lampes tout leur éclat, mais ils continuent à compter les heures du jour et de la nuit par des mécanismes ingénieux qui répondent à nos horloges et à nos montres. Ils aiment beaucoup la musique, et c'est en musique que ces chronomètres frappent les principales divisions du temps. A chaque heure du jour, les sons de leurs horloges publiques, répétés par celles des maisons et des hameaux dispersés dans la campagne, produisent un effet singulièrement doux et pourtant solennel. Mais pendant les Heures Silencieuses, le bruit en est tellement adouci qu'on l'entend à peine. Ils n'ont pas de changement de saison, et, du moins dans le territoire de cette tribu, la température me parut très égale, aussi chaude que celle d'un hiver italien, et plutôt humide que sèche. Dans la matinée, le temps était ordinairement tranquille, mais par moments il soufflait un vent violent venant des rochers qui formaient la frontière du territoire. Toutes les saisons sont bonnes pour semer les récoltes, comme dans les Iles Fortunées des anciens poètes. On voit en même temps les plantes en feuille ou en bouton, en épi ou couvertes de fruits. Tous les arbres fruitiers, cependant, après la récolte, perdent ou changent leur feuillage. Mais ce qui me frappa le plus quand je calculai leurs divisions du temps, ce fut de constater la durée moyenne de la vie parmi eux. Je trouvai, après des recherches minutieuses, que leur existence était beaucoup plus longue que la nôtre. Ils sont à cent ans ce que nous sommes à soixante-dix. Ce n'est pas le seul avantage qu'ils aient sur nous; car parmi nous peu d'hommes atteignent leur soixante-dixième année, tandis que parmi eux, au contraire, peu meurent avant cent ans, et ils jouissent généralement d'une santé et d'une vigueur qui font de la vie une bénédiction jusqu'au dernier jour. Des causes diverses contribuent à ce résultat; l'absence de tout stimulant alcoolique, la tempérance dans la nourriture, surtout peut-être une sérénité d'esprit que ne troublent ni occupations pleines de sollicitude, ni passions vives. Ils ne sont tourmentés ni par notre avarice, ni par notre ambition; ils se montrent parfaitement indifférents, même au désir de la gloire; ils sont susceptibles de grandes affections, mais leur amour se manifeste par une complaisance tendre et aimable, qui, en faisant leur bonheur, fait rarement et ne fait peut-être jamais leur malheur. Comme la Gy est sûre de n'épouser que celui qu'elle aura choisi, et, ici comme chez nous, le bonheur intérieur dépendant surtout de la femme, la Gy, ayant choisi l'époux qu'elle préfère, est indulgente pour ses fautes, complaisante pour ses goûts, et fait tout ce qui dépend d'elle pour se l'attacher. La mort d'un être aimé est pour eux comme pour nous la source d'une vive douleur; non seulement la mort les frappe rarement avant l'époque où elle est un soulagement plutôt qu'une peine, mais quand cela arrive le survivant puise beaucoup plus de consolations que nous ne le faisons pour la plupart, je le crains bien, dans la certitude d'une réunion dans un monde meilleur et plus heureux.

Toutes ces causes concourent donc à leur procurer une santé perpétuelle et une agréable longévité; leur organisation héréditaire y entre aussi pour sa part. Suivant leurs annales, à l'époque où ils vivaient en communautés semblables aux nôtres, agitées par des luttes, leur vie était beaucoup plus courte et leurs maladies plus nombreuses et plus graves. Ils disent eux-mêmes que la durée de la vie a augmenté et augmente encore depuis la découverte du vril et de ses propriétés médicales. Ils ont peu de médecins de profession, et ce sont principalement des Gy-ei, surtout celles qui sont veuves et sans enfants ; elles éprouvent un grand plaisir à exercer l'art de guérir et entreprennent même les opérations chirurgicales qu'exigent certains accidents ou plus rarement certaines maladies.

Ils ont leurs plaisirs et leurs fêtes, et pendant les Heures Oisives, ils ont l'habitude de se réunir en grand nombre pour se livrer à ces jeux aériens que j'ai déjà décrits. Ils ont aussi des salles publiques pour la musique et même des théâtres, dans lesquels ils jouent des pièces qui me parurent assez semblables à celles des Chinois. Ce sont des drames dont les personnages et les événements sont pris dans un passé reculé, toutes les unités classiques y sont outrageusement violées, et le héros, enfant au premier tableau, est déjà un vieillard au second et ainsi de suite. Ces pièces sont très anciennes. Je les trouvai parfaitement ennuyeuses dans leur ensemble, quoique relevées par des machines merveilleuses, par une sorte de bonne humeur d'un comique très vif et des passages détachés d'une grande vigueur dans un langage poétique, mais un peu surchargé de métaphores et de tropes. Bref, elles me faisaient le même effet que les pièces de Shakespeare pouvaient faire à un Parisien au temps de Louis XIV ou peut-être à un Anglais sous le règne de Charles II.

L'auditoire, composé surtout de Gy-ei, paraissait jouir vivement de la représentation, ce qui me surprit de la part de femmes si majestueuses et si sérieuses; mais je m'aperçus bientôt que tous les acteurs étaient au-dessous de l'adolescence et je supposai que les mères et les sœurs assistaient à ce spectacle pour faire plaisir à leurs enfants et à leurs frères.

J'ai dit que ces drames remontent à une haute antiquité. Aucune pièce nouvelle, aucune œuvre d'imagination digne d'être conservée, ne paraît avoir été composée depuis plusieurs générations. Quoiqu'il ne manque pas de publications nouvelles, qu'il y ait même ce qu'on peut appeler des journaux, ceux-ci sont surtout consacrés aux sciences mécaniques, aux rapports sur les inventions nouvelles, aux annonces relatives à différents détails d'affaires, bref, à des choses pratiques. Quelquefois un enfant écrit un petit conte romanesque, ou une Gy donne carrière à ses craintes ou à ses espérances amoureuses dans un poème ; mais ces effusions ont un très mince mérite et ne sont lues que par les enfants et les jeunes filles. Les œuvres les plus intéressantes, et d'un caractère purement littéraire, sont les récits d'exploration et de voyage dans les autres régions de ce monde souterrain. Ces relations sont généralement écrites par de jeunes émigrants et lues avec avidité par les parents et les amis qu'ils ont laissés derrière eux.

Je ne puis m'empêcher d'exprimer à Aph-Lin mon étonnement de ce qu'un peuple, chez qui les sciences mécaniques avaient fait tant de progrès et chez qui la civilisation intellectuelle était parvenue à réaliser pour le bonheur du peuple les conceptions que nos philosophes terrestres, après des siècles de disputes, se sont généralement accordés à regarder comme des rêves, fût si dépourvu de toute littérature contemporaine, malgré le haut degré de perfection où la culture avait amené la langue à la fois riche et simple, énergique et harmonieuse.

— Ne voyez-vous pas qu'une littérature telle que vous la rêvez serait tout à fait incompatible avec l'état parfait de félicité politique et sociale, auquel vous nous faites l'honneur de nous croire arrivés? — répondit mon hôte. — Nous avons enfin, après des siècles de lutte, établi une forme de gouvernement dont nous sommes contents; comme nous ne faisons aucune distinction de rang et que nous n'accordons à nos magistrats aucun honneur distinctif, nul stimulant n'excite l'ambition personnelle. Personne ne lirait des ouvrages où seraient soutenues des théories qui impliqueraient quelques changements sociaux ou politiques, et par conséquent personne n'en écrit de tels. Si de loin en loin un An n'est pas satisfait de notre tranquille manière de vivre, il ne l'attaque pas : il s'en va. Ainsi, toute cette portion de la littérature (et à en juger par les anciens ouvrages de nos bibliothèques publiques, c'en était autrefois une portion considérable) qui est consacrée aux théories spéculatives sur la société est tombée dans l'oubli. Autrefois on écrivait beaucoup aussi sur les attributs et l'essence de la Bonté Suprême et sur les arguments pour et contre la vie future. Maintenant nous reconnaissons deux faits : il y a un Être Divin, et il y a une vie future ; et nous convenons que quand nous écririons à nous user les doigts jusqu'aux os, nous n'arriverions pas à jeter la moindre lumière sur la nature et les conditions de cette vie future, ni à rendre plus claire notre connaissance des attributs et de l'essence de cet Être Divin. C'est ainsi qu'une autre branche de notre littérature s'est éteinte heureusement pour notre race, car à l'époque où l'on écrivait tant sur des choses que personne ne pouvait éclaircir, les gens semblent avoir vécu dans un état perpétuel de contestations et de luttes. Une autre portion considérable de notre ancienne littérature consiste dans l'histoire des guerres et des révolutions de l'époque où les Ana vivaient en sociétés nombreuses et turbulentes, chacune cherchant à s'agrandir aux dépens de l'autre. Vous voyez combien notre vie est calme aujourd'hui; il y a des siècles que nous vivons ainsi. Nous n'avons aucun événement à raconter. Que peut-on dire de nous, sinon : ils naquirent, vécurent heureux, et moururent? Quant à cette partie de la littérature qui naît de l'imagination et que nous appelons Glaubsila, ou familièrement Glaubs, les raisons de son déclin parmi nous sont faciles à découvrir. Nous voyons, en nous reportant à ces chefs-d'œuvre de la littérature que nous lisons tous encore avec plaisir, mais dont personne ne tolèrerait l'imitation, qu'ils sont consacrés à la peinture de passions que nous n'éprouvons plus, telles que l'ambition, la vengeance, l'amour illégitime, la soif de la gloire militaire, et ainsi de suite. Les vieux poètes vivaient dans une atmosphère imprégnée de ces passions et sentaient vivement ce qu'ils exprimaient avec tant d'éclat. Personne ne pourrait maintenant exprimer ces passions, car personne ne les ressent, et celui qui les exprimerait ne trouverait aucune sympathie chez ses lecteurs. D'autre part, l'ancienne poésie se complaisait à étudier les mystérieuses bizarreries du cœur humain, qui mènent à l'extraordinaire dans le crime et le vice comme dans la vertu. Mais notre société s'est débarrassée de toutes les tentations qui pourraient entraîner à quelque crime ou à quelque vice saillant, et le niveau moral est si égal, qu'il n'y a même pas de vertus saillantes. Dès qu'elle ne peut plus se nourrir de passions fortes, de crimes terribles, de supériorités héroïques, la poésie est sinon condamnée à mourir de faim, du moins réduite à un maigre ordinaire. Il reste la poésie descriptive : la description des rochers, des arbres, des eaux, de la vie domestique, et nos jeunes Gy-ei mêlent beaucoup de ces fadeurs à leurs vers amoureux.

— Une telle poésie, — m'écriai-je, — pourrait assurément être charmante, et nous avons parmi nous des critiques qui la considèrent comme plus élevée que celle qui dépeint les crimes ou analyse les passions de l'homme. Quoi qu'il en soit, le genre poétique insipide dont vous parlez est celui qui trouve aujourd'hui le plus de lecteurs parmi le peuple auquel j'appartiens.

— Cela se peut; mais je suppose que les écrivains travaillent beaucoup leur langue et s'appliquent avec un soin religieux au choix des mots et à la perfection du rythme ?

— Certainement, tous les grands poètes le doivent. Quoique le don de la poésie soit inné, ce don exige, pour qu'on en puisse profiter, autant de travail qu'un bloc de métal dont vous voulez faire une de vos machines.

— Et sans doute vos poètes ont quelque motif pour se donner tant de peine afin d'arriver à ces gentillesses de langage ?

— Oui ! je suppose que leur instinct les porterait à chanter comme chantent les oiseaux; mais s'ils donnent à leurs chants ces beautés artificielles d'expression, je pense qu'ils y sont poussés par le désir de la gloire, et peut-être parfois par le besoin d'argent.

— Précisément. Mais dans notre monde nous n'attachons la gloire à rien de ce que l'homme peut accomplir dans ce temps que nous appelons la vie. Nous perdrions bientôt cette quiétude, qui constitue essentiellement notre félicité, si nous accordions à tel ou tel individu des louanges exceptionnelles qui entraîneraient un pouvoir exceptionnel et qui réveilleraient les passions mauvaises aujourd'hui endormies ; d'autres hommes convoiteraient immédiatement ces louanges, l'envie s'élèverait, et avec l'envie, la haine, la calomnie, et la persécution. Notre histoire raconte que la plupart des poètes et des écrivains qui, autrefois, obtenaient le plus de gloire, étaient aussi assaillis des plus grandes injures et se trouvaient après tout très malheureux, soit à cause de leurs rivaux, soit par les faiblesses de caractère que tend à faire naître une sensibilité excessive à l'égard de la louange et du blâme. Quant au stimulant du besoin, nul dans notre société ne connaît l'aiguillon de la pauvreté, et si même il en était ainsi, aucune profession ne serait moins lucrative que la profession d'écrivain. Nos bibliothèques publiques contiennent tous les livres anciens que le temps a respectés ; ces livres, pour les raisons que je viens de vous dire, sont infiniment meilleurs que tous ceux qu'on pourrait écrire aujourd'hui, et chacun peut les lire sans qu'il en coûte rien. Nous ne sommes pas assez fous pour payer le plaisir de lire des livres moins bons, quand nous pouvons en lire d'excellents pour rien.

— Pour nous, la nouveauté est une séduction; on lit un livre nouveau, même mauvais, tandis qu'on néglige un livre ancien qui est excellent.

— La nouveauté, pour les peuples barbares qui luttent avec désespoir pour arriver à un état meilleur, est sans doute plus attrayante que pour nous qui ne voyons rien à gagner aux nouveautés; mais, après tout, un de nos grands auteurs, d'il y a quatre mille ans, a observé que « celui qui lit les livres anciens trouvera toujours en eux quelque chose de nouveau, et que celui qui lit les livres nouveaux y trouvera toujours quelque chose d'ancien ». Mais pour en revenir à la question que vous avez soulevée, comme il n'y a point parmi nous un stimulant suffisant pour nous porter à prendre de la peine, comme nous ne connaissons ni l'amour de la gloire, ni le besoin, s'il est des tempéraments poétiques, cette faculté s'exhale dans des chants, à la façon des oiseaux dont vous parliez tout à l'heure, mais faute de culture, ces chants ne trouvent point d'auditoire, et, faute d'auditoire, cette faculté s'éteint d'elle-même dans les occupations ordinaires de la vie.

— Mais comment se fait-il que les mêmes motifs qui empêchent de cultiver la littérature ne soient pas également funestes à la science?

— Votre question me surprend. Ce qui inspire le goût de la science, c'est l'amour de la vérité, en dehors de toute considération de gloire; et d'ailleurs la science, chez nous, est consacrée presque uniquement à des usages pratiques, essentiels à notre conservation sociale et au bien-être de notre vie quotidienne. L'inventeur ne demande pas la gloire et on ne lui en accorde aucune; il jouit d'une occupation qui lui plaît et ne recherche point la fatigue des passions. L'esprit de l'homme a besoin d'exercice aussi bien que son corps, et d'un exercice continuel plutôt que violent. Nos savants les plus ingénieux sont, en général, ceux qui vivent le plus longtemps et qui sont les plus exempts de toute maladie. La peinture est pour beaucoup un amusement, mais cet art n'est pas ce qu'il était autrefois, quand les grands peintres de nos différents peuples luttaient pour obtenir la couronne d'or, qui leur donnait un rang égal à celui des rois sous lesquels ils vivaient. Vous aurez sans doute observé dans notre musée combien les peintures étaient supérieures il y a plusieurs milliers d'années. C'est peut-être parce que la musique est en réalité plus voisine de la science que la poésie, qu'elle est encore le plus florissant de tous les arts parmi nous. Cependant, même à l'égard de la musique, l'absence du stimulant des louanges et de la gloire a empêché parmi nous toute grande supériorité de se manifester. Nous brillons plutôt par la musique d'ensemble, grâce à nos grands instruments mécaniques, dans lesquels nous nous servons beaucoup de l'eau (1), que par le talent des artistes qui jouent seuls. Nous n'avons guère eu de compositeurs originaux depuis plusieurs siècles. Nos airs favoris sont très anciens, mais on les a enrichis de variations compliquées, composées par des musiciens inférieurs, quoique ingénieux.

(1) Ceci peut rappeler aux savants l'invention par Néron d'une machine musicale, dans laquelle l'eau remplissait les fonctions d'un orchestre et dont il s'occupait quand la conspiration éclata contre lui.

— N'y a-t-il donc chez les Ana aucune société politique animée de ces passions, sujette à ces crimes, et admettant ces disparités de condition, intellectuelles et morales, que votre tribu et même les Vril-ya en général, ont depuis longtemps laissées derrière eux dans leur marche vers la perfection? S'il en est ainsi, peut-être que dans ces sociétés l'Art et sa sœur la Poésie sont encore cultivés et honorés?

— Il y a quelques sociétés de ce genre dans les régions les plus éloignées, mais nous ne les mettons pas au rang des nations civilisées; nous ne leur donnons pas même le nom d'Ana, et encore moins celui de Vril-ya. Ce sont des barbares, vivant surtout dans cet état inférieur, le Koom-Posh, qui tend nécessairement à la hideuse dissolution du Glek-Nas. Leur existence misérable se passe en luttes et en changements perpétuels. Quand ils ne se battent pas avec leurs voisins, ils se battent entre eux. Ils sont divisés en partis qui s'insultent, se pillent mutuellement quand ils ne s'assassinent pas, et cela pour des différences frivoles d'opinions que nous ne comprendrions même pas, si nous n'avions pas lu l'histoire et si nous n'avions passé par les mêmes épreuves dans les siècles d'ignorance et de barbarie. La moindre bagatelle suffit pour les faire partir en guerre. Ils prétendent tous être égaux, et, plus ils ont lutté dans ce but détruisant les anciennes distinctions pour en créer de nouvelles, plus l'inégalité devient visible et intolérable, parce qu'il ne reste plus d'associations et d'affections héréditaires pour adoucir cette unique différence qui subsiste entre la majorité qui n'a rien et la minorité qui possède tout. Naturellement la majorité hait la minorité, mais ne peut s'en passer. Le grand nombre attaque sans cesse le petit nombre, et l'extermine quelquefois ; mais aussitôt, une nouvelle minorité s'élève du sein de la majorité et se montre plus rude que la précédente. Car, là où les sociétés sont nombreuses et où le désir d'acquérir quelque chose est la fièvre prédominante, il y a peu de gagnants et beaucoup de perdants. Bref, le peuple dont je parle est composé de sauvages cherchant leur route à tâtons vers un rayon de lumière ; leur misère mériterait notre pitié, si, comme des sauvages, ils ne provoquaient leur destruction par leur arrogance et leur cruauté. Pouvez-vous imaginer que des créatures de cette espèce, pourvues seulement de ces armes misérables que vous avez pu voir dans notre musée d'antiquités, de ces tubes de fer grossiers chargés de salpêtre, ont menacé plus d'une fois l'existence d'une tribu de Vril-ya, qui habite près d'eux, parce qu'ils disent qu'ils ont trente millions d'habitants, et la tribu dont je parle peut en avoir cinquante mille, si ces derniers n'acceptent pas leurs habitudes de Soc-Sec (l'art de gagner de l'argent), d'après certains principes commerciaux qu'ils ont l'impudence d'appeler une des lois de la civilisation ?

— Mais, — dis-je, — trente millions d'habitants sont une force formidable contre cinquante mille !

Mon hôte me regarda avec étonnement.

— Étranger, — dit-il, — vous n'avez pas entendu sans doute que je vous disais que cette tribu appartient aux Vril-ya et qu'elle n'attend qu'une déclaration de guerre de la part de ces sauvages, afin de former une commission d'une demi-douzaine de petits enfants pour balayer toute leur population.

A ces mots je sentis un frisson d'horreur, me reconnaissant plus d'affinités avec ces sauvages qu'avec les Vril-ya et me souvenant de tout ce que j'avais dit à la louange des institutions de la glorieuse Amérique, qu'Aph-Lin stigmatisait sous le nom de Koom-Posh. Je repris cependant mon sang-froid et demandai s'il existait quelque mode de locomotion grâce auquel je pusse voyager avec sécurité parmi ces peuples éloignés et téméraires.

— Vous pouvez voyager avec sécurité, par le moyen du vril sur terre ou dans l'air, dans tous les États de notre alliance et de notre race; mais je ne puis répondre de votre sécurité au milieu de nations barbares gouvernées par des lois différentes des nôtres; des nations si peu éclairées qu'un grand nombre d'entre elles vivent de vol réciproque et que l'on ne pourrait pas chez elles laisser ses portes ouvertes même pendant les Heures Silencieuses.

Ici notre conversation fut interrompue par l'arrivée de Taë, qui venait nous dire que, ayant été chargé de découvrir et de détruire l'énorme reptile que j'avais vu à mon arrivée, il s'était constamment tenu en vedette et commençait à croire que mes yeux m'avaient trompé, ou que l'animal s'était enfui, par la caverne où je l'avais vu, vers les régions qu'habitaient ses semblables, quand le monstre avait donné signe de sa présence par les dévastations commises autour d'un des lacs.

— Et, — ajouta Taë, — je suis sûr qu'il est caché maintenant dans le lac. Aussi, — dit-il en se tournant vers moi, — j'ai pensé que cela pourrait vous amuser de m'accompagner pour voir de quelle façon nous détruisons ces désagréables visiteurs.

En regardant l'enfant et en me souvenant de la taille énorme de l'animal qu'il se proposait de détruire, je me sentis frissonner de terreur pour lui, et peut-être pour moi, si je l'accompagnais dans une pareille chasse. Mais le désir que j'éprouvais de constater par moi-même les effets destructifs de ce vril tant vanté, et la peur de m'abaisser aux yeux d'un enfant en trahissant quelque crainte, l'emportèrent sur mon premier mouvement. Je remerciai donc Taë de l'aimable intérêt qu'il portait à mes plaisirs et me déclarai tout disposé à l'accompagner dans une entreprise aussi amusante.

XVIII.

Comme Taë et moi, en quittant la ville et laissant à gauche la grande route qui y conduit, nous entrions dans les champs, la beauté étrange et solennelle du paysage, illuminé par d'innombrables lampes jusqu'aux limites de l'horizon, fascina mes yeux et me rendit pendant quelque temps inattentif à la conversation de mon compagnon.

Tout le long de la route des machines faisaient divers travaux d'agriculture ; leurs formes étaient nouvelles pour moi et, pour la plupart, fort gracieuses ; car parmi ce peuple, l'art n'étant cultivé que pour l'utilité, le goût se montre dans la manière d'orner et d'embellir les objets utiles. Les métaux précieux et les pierres fines sont si abondants chez eux, qu'on en couvre les objets les plus ordinaires; leur amour de ce qui est utile les conduit à parer leurs outils et stimule leur imagination à un point dont ils ne se rendent pas compte eux-mêmes.

Dans tous les services, soit à l'intérieur, soit à l'extérieur des maisons, ils se servent beaucoup d'automates si ingénieux, si dociles au pouvoir du vril, qu'ils semblent doués de raison. Il n'était guère possible de reconnaître si les formes humaines, que je voyais surveiller ou guider en apparence les rapides mouvements des vastes machines, étaient douées ou non de raison.

Peu à peu, à mesure que nous marchions, mon intérêt fut éveillé par les remarques de mon compagnon, remarques pleines de vivacité et de pénétration. L'intelligence des enfants parmi ce peuple est merveilleusement précoce, peut-être à cause de l'habitude qu'on a de leur confier de très bonne heure les soins et les responsabilités de l'âge mûr. En causant avec Taë, je croyais m'entretenir avec un homme doué d'une haute intelligence et d'un esprit observateur et au moins de mon âge. Je lui demandai s'il avait quelque notion sur le nombre des communautés entre lesquelles se partageaient les Vril-ya.

— Pas avec exactitude, — me répondit-il, — parce que le nombre augmente chaque année quand le surplus de la population émigre. Mais j'ai entendu dire à mon père que, suivant les derniers rapports, il y avait un million et demi de communautés parlant notre langue, adoptant nos institutions, nos mœurs et notre forme de gouvernement, sauf, je pense, avec quelques variations sur lesquelles vous pouvez consulter Zee avec plus de fruit. Elle en sait plus que la plupart des Ana. Un An s'occupe moins de ce qui ne le regarde pas qu'une Gy; les Gy-ei sont des créatures curieuses.

— Toutes les communautés se restreignent-elles au même nombre de familles ou d'habitants que la vôtre?

— Non, quelques-unes ont une population moindre, d'autres une population plus considérable. Cela varie suivant le pays où elles s'établissent, ou le degré de perfection où elles ont amené leurs moyens mécaniques. Chaque communauté établit ses limites suivant les circonstances, en prenant toujours soin qu'il ne puisse se produire une classe pauvre, ce qui arriverait si la population dépassait les ressources du territoire ; et aussi qu'aucun État ne soit trop vaste pour supporter un gouvernement semblable à celui d'une famille bien réglée. Je ne crois pas qu'aucune communauté Vril dépasse trente mille familles. Mais, ceci est une règle générale, moins la communauté est nombreuse, pourvu qu'il y ait assez de mains pour cultiver le territoire qu'elle occupe, plus les habitants sont riches et plus la somme versée au trésor général est forte, et surtout plus le corps politique est heureux et tranquille, et plus sont parfaits les produits de l'industrie. La tribu que tous les Vril-ya reconnaissent comme la plus avancée en civilisation et qui a amené la force du vril à son plus grand développement est peut-être la moins nombreuse. Elle se restreint à quatre mille familles ; mais chaque pouce de son terrain est cultivé avec autant de soin qu'on en peut donner à un jardin ; ses machines sont meilleures que celles des autres tribus et il n'y a pas de produit de son industrie, dans aucune branche, qui ne soit vendu à des prix extraordinaires aux autres communautés. Toutes nos tribus prennent modèle sur celle-là, considérant que nous atteindrions le plus haut point de civilisation accordé aux mortels, si nous pouvions unir le plus haut degré de bonheur au plus haut degré de culture intellectuelle, et il est clair que plus la population d'un État est petite, plus ce but devient facile à atteindre. Notre population est trop considérable pour y arriver.

Cette réponse me fit réfléchir. Je me rappelai le petit État d'Athènes, composé seulement de vingt mille citoyens libres, et que jusqu'à ce jour nos plus puissants États regardent comme un guide suprême, un modèle en tout ce qui concerne l'intelligence. Mais Athènes, qui se permettait d'ardentes rivalités et des changements perpétuels, n'était certainement pas heureuse. Je sortis de la rêverie dans laquelle ces réflexions m'avaient plongé, et je ramenai la conversation sur le sujet des émigrations.

— Mais, — dis-je, — quand certains d'entre

vous quittent, tous les ans, je suppose, leur foyer, pour aller fonder une colonie, ils sont nécessairement très peu nombreux et à peine suffisants, même avec le secours des machines qu'ils emportent, pour défricher le sol, bâtir des villes, et former un État civilisé possédant le bien-être et le luxe dans lequel ils ont été élevés.

— Vous vous trompez. Toutes les tribus des Vril-ya sont en communication constante et déterminent chaque année, entre elles, le nombre d'émigrants d'une communauté qui se joindront à ceux d'une autre communauté pour former un État suffisant. Le lieu de l'émigration est choisi au moins une année à l'avance, on y envoie des pionniers de tous les États pour niveler les rocs, canaliser les eaux et construire des maisons; de sorte que, quand les émigrants arrivent, ils trouvent une ville déjà bâtie et un pays en grande partie défriché. La vie active que nous menons dans notre enfance nous fait accepter gaiement les voyages et les aventures. J'ai l'intention d'émigrer moi-même quand je serai majeur.

— Les émigrants choisissent-ils toujours des pays jusque-là stériles et inhabités?

— Oui, en général, jusqu'à présent, parce que nous avons pour règle de ne rien détruire que quand cela est nécessaire à notre bien-être. Naturellement nous ne pouvons nous établir dans des pays déjà occupés par des Vril-ya, et, si nous prenons les terres cultivées d'autres Ana, il faut que nous détruisions complètement les premiers habitants. Quelquefois nous prenons des terrains vagues, et il arrive que quelque race ennuyeuse et querelleuse d'Ana, surtout si elle est soumise au Koom-Posh ou au Glek-Nas, se plaint de notre voisinage et nous cherche querelle. Alors, naturellement, comme ils menacent notre sécurité, nous les détruisons. Il n'y a pas moyen de s'entendre avec une race assez idiote pour changer toujours de forme de gouvernement. Le Koom-Posh, — dit l'enfant se servant de métaphores frappantes, — est bien mauvais, mais il a de la cervelle, quoiqu'elle soit derrière sa tête, et il ne manque pas de cœur. Mais dans le Glek-Nas, le cœur et la tête de la créature disparaissent, et elle n'est plus que dents, griffes et ventre.

— Vous vous servez d'expressions bien fortes.

Permettez-moi de vous dire que je me fais gloire d'appartenir à un pays gouverné par le Koom-Posh.

— Je ne m'étonne plus de vous voir ici, si loin de chez vous, — dit Taë. — Quel était l'état de votre pays avant d'en venir au Koom-Posh?

— C'était une colonie d'émigrants.... comme ceux que vous envoyez vous-mêmes hors de vos communautés.... mais elle différait de vos colonies en ce qu'elle dépendait de l'État d'où venaient les émigrants. Elle secoua ce joug, et, couronnée d'une gloire éternelle, elle devint un Koom-Posh.

— Une gloire éternelle! Et depuis combien de temps dure le Koom-Posh?

— Depuis cent ans environ.

— Le temps de la vie d'un An, c'est une très jeune communauté. En beaucoup moins de cent ans, votre Koom-Posh sera arrivé au Glek-Nas.

— Mais, les plus vieux États du monde dont je viens ont tant de confiance en sa durée, que peu à peu ils arrivent à modeler leurs institutions sur les nôtres, et leurs politiques les plus profonds disent que les tendances irrésistibles de ces vieux

États sont vers le Koom-Posh, que cela leur plaise ou non.

— Les vieux États?

— Oui, les vieux États.

— Avec des populations très peu nombreuses relativement à l'étendue qu'ils occupent?

— Au contraire, avec des populations très nombreuses proportionnellement au territoire.

— Je vois! de vieux États sans doute!.... si vieux qu'ils vont tomber en décomposition s'ils ne se débarrassent de ce surplus de population comme nous le faisons. De très vieux États!.... très...très vieux! Dites-moi, Tish, trouveriez-vous sage qu'un vieillard essayât de faire la roue sur les pieds et les mains comme le font les enfants? Et si vous lui demandiez pourquoi il se livre à ces enfantillages et qu'il vous répondît qu'en imitant les très jeunes enfants il redeviendra enfant lui-même, cela ne vous ferait-il pas rire? L'histoire ancienne abonde en événements de ce genre, qui ont eu lieu il y a plusieurs milliers d'années, et chaque exemple prouve qu'un vieil État qui joue au Koom-Posh tombe bientôt dans le Glek-Nas. Alors par horreur de lui-même, il demande à grands cris un maître, comme un vieillard qui radote demande un garde-malade, et après une succession plus ou moins longue de maîtres ou de gardes-malades, ce vieil État meurt et disparaît de l'histoire. Un très vieil État jouant au Koom-Posh est comme un vieillard qui démolit la maison à laquelle il est habitué et qui s'est tellement épuisé à la renverser que, tout ce qu'il peut faire pour la rebâtir, c'est d'édifier une hutte branlante dans laquelle lui et ses successeurs crient d'une voix lamentable : Comme le vent souffle !.... Comme les murs tremblent !....

— Mon cher Taë, je tiens compte de vos préjugés peu éclairés que tout écolier instruit dans un Koom-Posh pourrait aisément contredire, quoiqu'il pût ne pas être doué de cette connaissance si précoce que vous me montrez de l'histoire ancienne.

— Moi savant !..... pas le moins du monde. Mais un écolier, élevé dans votre Koom-Posh, demanderait-il à son bisaïeul ou à sa bisaïeule de se tenir la tête en bas et les pieds en l'air ? Et si les pauvres vieillards hésitaient, leur dirait-il :

Que craignez-vous ? Voyez comme je le fais !

— Taë, je dédaigne de discuter avec un enfant de votre âge. Je vous répète que je tiens compte en cela du manque de cette culture que le Koom-Posh peut seul donner.

— Et moi, à mon tour, — dit Taë, avec cet air de bon ton gracieux mais hautain qui caractérise sa race, — je tiens compte de ce que vous n'avez pas été élevé parmi les Vril-ya, et je vous supplie de me pardonner si j'ai manqué de respect pour les opinions et les habitudes d'un si aimable.... Tish !

J'aurais dû faire remarquer plus tôt que mon hôte et sa famille m'appelaient familièrement Tish ; c'est un nom poli et usuel, signifiant par métaphore un petit barbare, et littéralement une petite Grenouille ; les enfants l'emploient sous forme de caresse pour les Grenouilles apprivoisées qu'ils élèvent dans leurs jardins.

Nous avions atteint les bords d'un lac et Taë s'arrêta pour me montrer les ravages faits dans les champs environnants.

— L'ennemi est certainement sous les eaux de ce lac, — dit Taë. — Remarquez les bandes de poissons réunies près des bords. Les grands et les petits, qui sont habituellement leur proie, tous oublient leurs instincts en présence de l'ennemi commun. Ce reptile doit certainement appartenir à la classe des Krek-a, classe plus féroce qu'aucune autre et qu'on dit appartenir aux rares espèces encore vivantes parmi celles qui habitaient le monde avant la création des Ana. L'appétit du Krek est insatiable, il se nourrit également de végétaux et d'animaux, mais ses mouvements sont trop lents pour que les élans au pied léger aient rien à craindre de lui. Son met favori est l'An s'il peut le surprendre ; c'est pour cela que les Ana le détruisent sans pitié dès qu'il pénètre sur leur domaine. J'ai entendu dire que quand nos ancêtres défrichèrent cette contrée, ces monstres et d'autres semblables abondaient, et comme le vril n'était pas encore découvert beaucoup des nôtres furent dévorés. Il fut impossible de détruire tout à fait ces bêtes avant cette découverte, qui fait la puissance et la civilisation de notre race ; mais quand nous fûmes familiarisés avec l'usage du vril, toutes les créatures hostiles à notre race furent promptement détruites. Cependant une fois par an ou à peu près, un de ces énormes reptiles quitte les districts sauvages et inhabités, et je me souviens qu'une jeune Gy qui se baignait dans ce lac fut dévorée par l'un d'eux. Si elle avait été à terre et armée de sa baguette il n'aurait pas même osé se montrer ; car ce reptile, comme tous les animaux sauvages, a un instinct merveilleux qui le met en garde contre tout être porteur d'une baguette à vril. Comment ils enseignent à leurs petits à l'éviter sans l'avoir jamais vue, c'est un de ces mystères dont vous pouvez demander l'explication à Zee, car je ne le connais pas (1). Tant que je resterai là, le monstre ne sortira pas de sa cachette ; mais nous l'en ferons sortir en lui offrant un leurre.

— Ne sera-ce pas bien difficile?

— Pas du tout. Asseyez-vous là-bas sur ce rocher à environ cent pas du lac, je vais me

---

(1) Par cet instinct, le reptile ressemble à nos oiseaux et à nos animaux sauvages, qui ne se risquent pas à portée d'un homme armé d'un fusil. Quand les premiers fils électriques furent installés, les perdrix les heurtaient dans leur vol et tombaient blessées. Maintenant, les plus jeunes générations de perdrix ne s'exposent jamais à pareil accident.

retirer à quelque distance. Bientôt le reptile vous verra ou vous sentira, et, s'apercevant que vous n'êtes pas armé de vril, il s'avancera pour vous dévorer. Aussitôt qu'il sera hors de l'eau, il est à moi.

— Voulez-vous dire que je dois servir d'appât à ce terrible monstre qui pourrait m'engloutir en une seconde! Je vous prie de m'excuser.

L'enfant se mit à rire.

— Ne craignez rien, — dit-il, — asseyez-vous seulement et restez tranquille.

Au lieu d'obéir, je fis un bond et j'allais m'enfuir à toutes jambes, quand Taë me toucha légèrement l'épaule et fixa ses yeux sur les miens : je fus cloué au sol. Toute volonté m'abandonna. Soumis aux gestes de l'enfant, je le suivis vers le rocher qu'il m'avait indiqué et m'y assis en silence. Quelques-uns de mes lecteurs ont vu quelque chose des effets vrais ou faux de l'électro-biologie. Aucun professeur de cette science incertaine n'était parvenu à dominer un seul de mes mouvements ou une seule de mes pensées, mais je n'étais plus qu'une machine dans les mains de ce terrible enfant. Il étendit ses ailes, prit son essor, et s'abattit dans un bouquet de bois qui couronnait une colline peu éloignée.

J'étais seul; je tournai les yeux avec une sensation d'horreur indescriptible vers le lac, et, comme enchaîné par un charme, je les tins fixés sur l'eau. Au bout de dix à quinze minutes, qui me parurent des siècles, la surface calme de l'eau, étincelant sous la lumière des lampes, commença à s'agiter vers le centre. Au même moment, les bandes de poissons réunis près des bords commencèrent à manifester leur terreur à l'approche de l'ennemi en sautant hors de l'eau; leur course produisait une sorte de bouillonnement circulaire. Je les voyais fuir précipitamment çà et là, quelques-uns même se lancèrent sur le rivage. Un sillon long, sombre, onduleux, s'avançait sur l'eau de plus en plus près du bord, jusqu'à ce que l'énorme tête du reptile sortît, ses mâchoires armées de crocs formidables, et ses yeux ternes fixés d'un air affamé sur l'endroit où je me trouvais. Il posa ses pieds de devant sur le rivage, puis sa large poitrine, couverte d'écailles, comme d'une armure, des deux côtés, et, au milieu, laissant voir une peau ridée d'un jaune terne et venimeux; bientôt il fut tout entier hors de l'eau; il était long de cent pieds au moins de la tête à la queue. Encore un pas de ces pieds effroyables et il était sur moi. Je n'étais séparé de cette horrible mort que par quelques secondes quand, tout à coup, une sorte d'éclair traversa l'air, la foudre éclata, et, en moins de temps qu'il n'en faut à un homme pour respirer, enveloppa le monstre; puis, au moment où l'éclair s'éteignait, je vis devant moi une masse noire, carbonisée, déformée, quelque chose de gigantesque, mais dont les contours avaient été détruits par la flamme, et qui s'en allait rapidement en cendres et en poussière. Je demeurai assis sans voix et glacé de terreur : ce qui avait été de l'horreur était maintenant une sorte de crainte respectueuse.

Je sentis la main de l'enfant se poser sur ma tête, la peur me quitta.... le charme était rompu, je me levai.

— Vous voyez avec quelle facilité les Vril-ya détruisent leurs ennemis, — me dit Taë.

Puis, s'approchant du rivage, il contempla

les restes défigurés du monstre et dit tranquillement : —

— J'ai détruit des animaux plus grands, mais aucun avec tant de plaisir que celui-ci. Oui, c'est un Krek; quelles souffrances n'a-t-il pas dû infliger pendant sa vie!

Il prit alors les pauvres poissons qui s'étaient jetés à terre et les remit avec bonté dans leur élément.

XIX.

Pour retourner à la ville, Taë me fit prendre un chemin plus long que celui que nous avions pris en venant ; il voulait me montrer ce que j'appellerai familièrement la Station d'où partent les émigrants et les voyageurs qui se rendent chez une autre tribu. J'avais déjà exprimé le désir de voir les véhicules des Vril-ya. Je vis qu'ils étaient de deux sortes, les uns pour les voyages par terre, les autres pour les voyages aériens : les premiers étaient de toutes tailles et de toutes formes, quelques-uns n'étaient pas plus grands qu'une de nos voitures ordinaires, d'autres étaient de véritables maisons mobiles à un étage et contenant plusieurs chambres meublées suivant les idées de confort et de luxe des Vril-ya. Les véhicules aériens étaient faits de matières légères, ne ressemblant pas du tout à nos ballons, mais plutôt à nos bateaux de plaisance, avec une barre et un gouvernail, de larges ailes ou palettes, et une machine mue par le vril. Tous les véhicules, soit pour terre, soit pour air, étaient également mus par ce puissant et mystérieux agent.

Je vis un convoi prêt à partir, mais il contenait peu de voyageurs; il transportait surtout des marchandises et se dirigeait vers un État voisin; car il se fait beaucoup de commerce entre les différentes tribus de Vril-ya. Je puis faire observer ici que leur monnaie courante ne consiste pas en métaux précieux, trop communs chez eux pour cet usage. La petite monnaie, dont on se sert ordinairement, est faite avec un coquillage fossile particulier, reste peu abondant de quelque déluge primitif ou de quelque autre convulsion de la nature, dans laquelle l'espèce s'est perdue. Ce coquillage est petit, plat comme l'huître, et il se polit comme une pierre précieuse. Cette monnaie circule parmi toutes les tribus Vril-ya. Leurs affaires les plus considérables se font à peu près comme les nôtres, au moyen de lettres de change et de plaques minces de métal qui remplacent nos billets de banque. Permettez-moi de profiter de cette occasion pour dire que les impôts, dans la tribu que je voyais, étaient très considérables, comparés à la population. Mais je n'ai jamais entendu dire que personne en murmurât, car ils étaient consacrés à des objets d'utilité universelle et nécessaires même à la civilisation de la tribu. La dépense à faire pour éclairer un si grand territoire, pour pourvoir aux besoins des émigrants, maintenir en état les édifices publics où l'on satisfaisait aux divers besoins intellectuels de la nation, depuis la première éducation des enfants, jusqu'au Collège des Sages, toujours occupés à essayer de nouvelles expériences ; tout cela demandait des fonds considérables. Je dois ajouter encore une dépense qui me parut singulière. J'ai déjà dit que tout le travail manuel était fait par les enfants jusqu'à ce qu'ils atteignissent l'âge du mariage. L'État paie ce travail et à un prix beaucoup plus élevé que celui même que nous payons aux États-Unis. Suivant leurs théories, chaque enfant, mâle ou femelle, quand il atteint l'époque du mariage et sort, par conséquent, de l'âge du travail, doit avoir acquis assez de fortune pour vivre dans l'indépendance le reste de ses jours. Comme tous les enfants, quelle que soit la fortune des parents, doivent servir également, tous sont payés suivant leur âge ou la nature de leurs services. Quand les parents gardent un enfant à leur service, ils doivent payer au trésor public le même prix que l'État paye aux enfants qu'il emploie, et cette somme est remise à l'enfant quand son travail expire. Cette habitude sert sans doute à rendre la notion de l'égalité familière et agréable, et on peut dire que les enfants forment une démocratie, avec autant de vérité qu'on peut ajouter que les adultes forment une aristocratie. La politesse exquise et la délicatesse des manières des Vril-ya, la générosité de leurs sentiments, la liberté absolue qu'ils ont de suivre leurs goûts, la douceur de leurs relations domestiques, où ils font preuve d'une générosité qui ne se défie jamais des actes ni des paroles du prochain; tout cela fait des Vril-ya la noblesse la plus parfaite, qu'un disciple politique de Platon ou de Sidney ait jamais pu rêver pour une république aristocratique.

XX.

A partir de l'expédition que je viens de raconter, Taë me fit de fréquentes visites. Il s'était pris d'affection pour moi et je le lui rendais cordialement. Comme il n'avait pas encore douze ans et qu'il n'avait pas commencé le cours d'études scientifiques par lequel l'enfance se termine chez ce peuple, mon intelligence était moins inférieure à la sienne qu'à celle des membres plus âgés de sa race, surtout des Gy-ei, et, par-dessus tout, à celle de l'admirable Zee. Chez les Vril-ya, les enfants, sur l'esprit desquels pèsent tant de devoirs actifs et de graves responsabilités, ne sont pas très gais; mais Taë, avec toute sa sagesse, avait beaucoup de cette bonne humeur et de cette gaieté qui distinguent souvent des hommes de génie dans un âge assez avancé. Il trouvait dans ma société le même plaisir qu'un enfant du même âge, dans notre monde, éprouve dans la compagnie d'un chien favori ou d'un singe. Il s'amusait à m'apprendre les habitudes de son pays, comme certain neveu que j'ai s'amuse à faire marcher son caniche sur ses pattes de derrière ou à le faire sauter dans un cerceau. Je me prêtais avec complaisance à ces expériences, mais je ne réussis jamais aussi bien que le caniche. J'avais grande envie d'apprendre à me servir des ailes dont les plus jeunes Vril-ya se servent avec autant d'adresse et de facilité que nous de nos bras ou de nos jambes, mais mes essais furent suivis de contusions assez graves pour me faire renoncer à ce projet.

Ces ailes, comme je l'ai déjà dit, sont très grandes, tombent jusqu'aux genoux et, au repos, elles sont rejetées en arrière de façon à former un manteau fort gracieux. Elles sont faites des plumes d'un oiseau gigantesque qui est commun dans les rochers de ce pays ; ces plumes sont blanches, quelquefois rayées de rouge. Les ailes sont attachées aux épaules par des ressorts d'acier légers mais solides ; quand elles sont étendues, les bras glissent dans des coulisses pratiquées à cet effet et formant comme une forte membrane centrale. Quand les bras se lèvent, une doublure tubulaire de la veste ou de la tunique s'enfle par des moyens mécaniques, se remplit d'air, qu'on peut augmenter ou diminuer par le mouvement des bras, et sert à soutenir tout le corps comme sur des vessies. Les ailes et l'appareil, assez semblable à un ballon, sont fortement chargés de vril, et quand le corps flotte, il semble avoir beaucoup perdu de son poids. Je trouvai toujours facile de m'élancer du sol ; même quand les ailes étaient étendues, il était difficile de ne pas s'élever ; mais c'était là que commençaient la difficulté et le danger. J'étais tout à fait impuissant à me servir de mes ailes, quoique sur terre on me regarde comme un homme singulièrement alerte et adroit aux exercices du corps et que je sois excellent nageur. Je ne pouvais faire que des efforts confus et maladroits. J'obéissais à mes ailes au lieu de leur commander, et quand, par un violent effort musculaire, et, je dois le dire franchement, avec cette force que donne une excessive frayeur, j'arrêtais leur mouvement et les ramenais contre mon corps, il me semblait que ni les ailes ni les vessies n'avaient plus la force de me soutenir, comme quand on laisse échapper l'air d'un ballon, et je tombais précipité à terre. Quelques mouvements spasmodiques me préservaient d'être mis en pièces, mais ne me sauvaient pas des contusions ni de l'étourdissement d'une lourde chute. J'aurais cependant persévéré dans mes tentatives, sans les avis et les ordres de la savante Zee, qui avait eu l'obligeance d'assister à mes essais et qui, la dernière fois, en volant au-dessous de moi, me reçut dans ma chute sur ses grandes ailes étendues et m'empêcha de me briser la tête sur le toit de la pyramide d'où j'avais pris mon vol.

— Je vois, — dit-elle, — que vos tentatives sont vaines, non par la faute des ailes et du reste de l'appareil, ni par suite d'aucune imperfection ou d'aucune mauvaise conformation de votre corps, mais à cause de la faiblesse naturelle et par suite irrémédiable de votre volonté. Sachez que l'empire de la volonté sur les effets de ce fluide que les Vril-ya ont maîtrisé ne fut jamais atteint par ceux qui le découvrirent, ni par une seule génération ; il s'est accru peu à peu comme les autres facultés de notre race, en se transmettant des pères aux enfants, de sorte qu'il est devenu comme un instinct. Un petit enfant, chez nous, vole aussi naturellement et aussi spontanément qu'il marche. Il se sert de ses ailes artificielles avec autant de sécurité qu'un oiseau se sert de ses ailes naturelles. Je n'avais pas assez pensé à cela quand je vous ai permis de tenter une expérience qui me séduisait, car je désirais vous avoir comme compagnon. J'abandonne maintenant ces essais. Votre vie me devient chère.

Ici la voix et le visage de la jeune Gy s'adoucirent et je me sentis plus alarmé que je ne l'avais été dans mes tentatives aériennes.

Pendant que je parle des ailes, je ne dois pas omettre de rapporter une coutume des Gy-ei, qui me paraît charmante et qui indique bien la tendresse de leurs sentiments. Tant qu'elle est jeune fille, la Gy porte des ailes, elle se joint aux Ana dans leurs jeux aériens, elle s'aventure seule dans les régions éloignées du monde souterrain : par la hardiesse et la hauteur de son vol elle l'emporte sur les Ana, aussi bien que par la grâce de ses mouvements. Mais à partir du jour du mariage, elle ne porte plus d'ailes, elle les suspend de ses propres mains au-dessus de la couche nuptiale, pour ne les reprendre que si les liens du mariage sont rompus par la mort ou le divorce.

Quand les yeux et la voix de Zee s'adoucirent ainsi, et à cette vue j'éprouvai je ne sais quel pressentiment qui me fit frissonner, Taë, qui nous accompagnait dans notre vol et qui, comme un enfant, s'était amusé de ma maladresse, plus qu'il n'avait été touché de mes frayeurs et du danger que je courais, se balançait au-dessus de nous sur ses ailes étendues et planait immobile et calme dans l'atmosphère toujours lumineuse ; il entendit les tendres paroles de Zee, se mit à rire tout haut, et s'écria : —

— Si le Tish ne peut apprendre à se servir de ses ailes, tu pourras encore être sa compagne, Zee ; tu suspendras les tiennes.

XXI.

J'avais depuis longtemps remarqué chez la savante et forte fille de mon hôte ce sentiment de tendre protection que, sur terre comme sous terre, le Tout-Puissant a mis au cœur de la femme. Mais jusqu'à ce moment je l'avais attribué à cette affection pour les jouets favoris que les femmes de tout âge partagent avec les enfants. Je m'aperçus alors avec peine que le sentiment avec lequel Zee daignait me regarder était bien différent de celui que j'inspirais à Taë. Mais cette découverte ne me donna aucune des sensations de plaisir qui chatouillent la vanité de l'homme quand il s'aperçoit de l'opinion flatteuse que le beau sexe a de lui; elle ne me fit éprouver au contraire que la peur. Cependant de toutes les Gy-ei de la tribu, si Zee était la plus savante et la plus forte, c'était aussi, sans contredit, la plus douce et la plus aimée. Le désir d'aider, de secourir, de protéger, de soulager, de rendre heureux semblait remplir tout son être. Quoique les misères diverses qui naissent de la pauvreté et du crime soient inconnues dans le système social des Vril-ya, toutefois aucun savant n'a encore découvert dans le vril une puissance qui pût bannir le chagrin de la vie. Or, partout où le chagrin se montrait, on était sûr de trouver Zee dans son rôle de consolatrice. Une Gy ne pouvait-elle s'assurer l'amour de l'An pour lequel elle soupirait? Zee allait la trouver et employait toutes les ressources de sa science, tous les charmes de sa sympathie, à soulager cette douleur qui a tant besoin de s'épancher en confidences. Dans les rares occasions où une maladie grave attaquait l'enfance ou la jeunesse, et dans les cas, moins rares, où les rudes et aventureuses occupations des enfants causaient quelque accident douloureux ou quelque blessure, Zee abandonnait ses études ou ses jeux pour se faire médecin et garde-malade. Elle prenait pour but habituel de ses promenades aériennes les frontières où des enfants montaient la garde pour surveiller les explosions des forces hostiles de la nature et repousser l'invasion des animaux féroces, de façon à pouvoir les prévenir des dangers que sa science devinait ou prévoyait, ou les secourir si quelque mal les atteignait. Ses études mêmes étaient dirigées par le désir et la volonté de faire le bien. Était-elle informée de quelque nouvelle invention dont la connaissance pût être utile à ceux qui exerçaient un art ou un métier? Elle s'empressait de la leur communiquer et de la leur expliquer. Quelque vieillard du Collège des Sages était-il embarrassé et fatigué d'une recherche pénible? Elle se consacrait patiemment à l'aider, s'occupait pour lui des détails, l'encourageait par un sourire plein d'espérance, l'excitait par ses idées lumineuses; elle devenait en un mot pour lui un bon génie visible qui donnait la force et l'inspiration. Elle montrait la même tendresse pour les créatures inférieures. Je l'ai souvent vue rapporter chez elle des animaux malades ou blessés et les soigner comme un père pourrait soigner un enfant. Plus d'une fois assis sur le balcon, ou jardin suspendu, sur lequel s'ouvrait ma fenêtre, je l'ai vue s'élever dans l'air sur ses ailes brillantes. Tout à coup des groupes d'enfants qui l'apercevaient au-dessus d'eux s'élançaient vers elle en la saluant de cris joyeux, se groupaient et jouaient autour d'elle, l'entourant comme d'un cercle de joie innocente. Quand je me promenais avec elle dans les rochers et les vallées de la campagne, les élans la sentaient ou la voyaient de loin, ils venaient la rejoindre en bondissant et en demandant une caresse de sa main, et ils la suivaient jusqu'à ce qu'elle les renvoyât par un léger murmure musical qu'elle les avait habitués à comprendre. Il est de mode parmi les jeunes Gy-ei de porter sur la tête un cercle ou diadème, garni de pierres semblables à des opales qui forment quatre pointes ou rayons en formes d'étoiles. Les pierres sont ordinairement sans éclat, mais si on les touche avec la baguette du vril elles jettent une flamme brillante qui voltige et qui éclaire sans brûler. Cette couronne leur sert d'ornement dans les fêtes, et de lampe quand elles voyagent au delà des régions artificiellement éclairées et se trouvent dans l'obscurité. Parfois, quand je voyais la figure pensive et majestueuse de Zee illuminée par l'auréole de ce diadème, je ne pouvais croire qu'elle fût une créature mortelle et je courbais mon front, comme devant une apparition céleste. Mais jamais mon cœur n'éprouva pour ce type superbe de la plus noble beauté féminine le moindre sentiment d'amour humain. Peut-être cela vient-il de ce que dans notre race l'orgueil de l'homme domine assez ses passions pour que la femme perde à ses yeux tous ses charmes de femme dès qu'il la sent de tous points supérieure à lui-même. Mais par quelle étrange fascination cette fille incomparable d'une race qui, dans sa puissance et sa félicité, mettait toutes les autres races au rang des barbares, avait-elle daigné m'honorer de sa préférence? Je passais parmi les miens pour avoir bonne mine, mais les plus beaux hommes de ma race auraient paru insignifiants à côté du type de beauté sereine et grandiose qui caractérise les Vril-ya.

Il est probable que la nouveauté, la différence

même qui existait entre moi et les hommes qu'elle était habituée à voir avaient tourné vers moi les pensées de Zee. Le lecteur verra plus loin que cette cause pouvait suffire à expliquer la prédilection que me témoigna une autre Gy, à peine sortie de l'enfance et à tous égards inférieure à Zee. Mais tous ceux qui réfléchiront à la tendresse de caractère de la fille d'Aph-Lin comprendront que la principale source de l'attrait qu'elle ressentait pour moi était son désir instinctif de secourir, de soulager, de protéger les faibles et, par sa protection, de les soutenir et de les élever. Aussi, quand je regarde en arrière, est-ce ainsi que je m'explique cette unique faiblesse, indigne de son grand cœur et qui abaissa la fille des Vril-ya jusqu'à ressentir une affection de femme pour un être aussi inférieur à elle-même que l'était l'hôte de son père. Quoi qu'il en soit, la pensée que j'avais inspiré une pareille affection me remplissait de terreur. J'étais effrayé de ses perfections mêmes, de son pouvoir mystérieux et des ineffaçables différences qui séparaient sa race de la mienne. A cette terreur se mêlait, je dois le confesser, la crainte plus matérielle et plus vile des périls auxquels devait m'exposer la préférence qu'elle m'accordait.

Pouvait-on supposer un instant que les parents et la famille de cet être supérieur vissent sans indignation et sans dégoût la possibilité d'une union entre elle et un Tish? Ils ne pouvaient ni a punir, elle, ni l'enfermer, ni l'empêcher d'agir. Dans la vie domestique, pas plus que dans la vie politique, ils n'admettent l'emploi de la force. Mais ils pouvaient guérir sa folie par un éclair de vril à mon adresse.

Dans ce péril, heureusement, ma conscience et mon honneur ne me reprochaient rien. Mon devoir, si la préférence de Zee continuait à se manifester, devenait bien clair. Il me fallait avertir mon hôte, avec toute la délicatesse qu'un homme bien élevé doit montrer quand il confie à un autre la moindre faveur dont une femme a daigné l'honorer. Je serais ainsi délivré de toute responsabilité; l'on ne pourrait me soupçonner d'avoir volontairement contribué à faire naître les sentiments de Zee : la sagesse de mon hôte lui suggérerait sans doute un moyen de me tirer de ce pas difficile. En prenant cette résolution j'obéissais à l'instinct ordinaire des hommes honnêtes et civilisés, qui, tout capables d'erreur qu'ils soient, préfèrent le droit chemin toutes les fois qu'il est évidemment contre leur goût, leur intérêt et leur sécurité de prendre le mauvais.

XXII.

Comme on a pu le voir, Aph-Lin n'avait pas essayé de me mettre en rapports fréquents et libres avec ses compatriotes. Tout en comptant sur ma promesse de ne rien révéler du monde que j'avais quitté, et encore plus sur celle des gens auxquels il avait recommandé de ne pas me questionner, comme Zee l'avait fait pour Taë, cependant il n'était pas assuré, que si l'on me laissait communiquer avec des personnes que mon aspect surprendrait, j'eusse la force de résister à leurs questions. Quand je sortais, je n'étais donc jamais seul ; j'étais accompagné par un des membres de la famille de mon hôte ou par mon jeune ami Taë. Bra, la femme d'Aph-Lin, sortait rarement au delà des jardins qui entouraient la maison; elle aimait à lire les œuvres de la littérature ancienne, où étaient racontées quelques aventures romanesques qu'on ne trouvait pas dans les livres modernes, ainsi que la peinture d'existences extraordinaires à ses yeux et intéressantes pour son imagination. Cette peinture, qui ressemblait assez à notre vie sur la terre avec nos douleurs, nos fautes, nos passions, lui faisait le même effet qu'à nous les Contes de Fées ou les *Mille et une Nuits*. Mais son amour de la lecture n'empêchait pas Bra de s'acquitter de ses devoirs de maîtresse de maison dans l'intérieur le plus riche de toute la ville. Elle faisait chaque jour la ronde dans toutes les chambres, afin de voir si les automates et les autres machines étaient en bon ordre; si les nombreux enfants qu'Aph-Lin employait, soit à son service particulier, soit à un service public, recevaient les soins qui leur étaient dus. Bra s'occupait aussi des comptes de toute la propriété, et son grand plaisir était d'aider son mari dans les affaires qui se rapportaient à son office de grand administrateur du Département des Lumières. Toutes ces occupations la retenaient beaucoup chez elle. Les deux fils achevaient leur éducation au Collège des Sages. L'aîné, qui avait une vive passion pour la mécanique, surtout en ce qui touchait les horloges et les automates, s'était décidé en faveur de cette profession et travaillait, en ce moment, à construire une boutique ou un magasin où il pût exposer et vendre ses inventions. Le plus jeune préférait l'agriculture et les travaux de la campagne, et, quand il ne suivait pas les cours du Collège, où il étudiait surtout les théories agricoles, il se consacrait aux applications pratiques qu'il en faisait sur le domaine paternel. On voit par là combien l'égalité des rangs est complètement établie chez ce peuple. Un boutiquier jouit exactement de la même considération qu'un grand propriétaire foncier. Aph-Lin était le membre le plus riche de la communauté; son fils aîné préférait le commerce à toute autre profession, et ce choix ne passait nullement pour dénoter un manque d'élévation dans les idées. Il avait examiné ma montre avec un grand intérêt; le travail en était nouveau pour lui; et il fut enchanté quand je lui en fis cadeau. Peu de temps après, il me rendit mon présent avec intérêts en m'offrant une montre qui était son œuvre et qui marquait à la fois les heures qu'indiquait la mienne et les divisions du temps en usage chez les Vril-ya. J'ai encore cette montre qui a été fort admirée des meilleurs horlogers de Londres et de Paris. Elle est en or, les chiffres et les aiguilles en diamants, et elle joue en sonnant les heures un air favori des Vril-ya. Elle n'a besoin d'être remontée que tous les dix mois et elle ne s'est jamais dérangée depuis que je l'ai. Ces deux frères étant ainsi occupés, mes compagnons ordinaires, quand je sortais, étaient mon hôte ou sa fille. Pour exécuter l'honorable dessein que j'avais formé, je commençai à m'excuser quand Zee m'invita à sortir seul avec elle, et je saisis une occasion où la savante jeune fille faisait une conférence au Collège des Sages pour demander à Aph-Lin de me conduire à sa maison de campagne. Cette maison était à quelque distance de la ville et, comme Aph-Lin n'aimait pas à marcher et que j'avais renoncé à voler, nous nous dirigeâmes vers notre destination dans un bateau aérien appartenant à mon hôte. Un enfant de huit ans à son service nous conduisit. Nous étions couchés, mon hôte et moi, sur des coussins et je trouvai ce mode de locomotion très doux et très confortable.

— Aph-Lin, — dis-je, — j'espère ne pas vous déplaire, si je vous demande la permission de voyager pendant quelque temps et de visiter d'autres tribus de votre illustre race. J'ai aussi un vif désir de voir ces nations qui n'adoptent pas vos coutumes et que vous considérez comme sauvages. Je serais très content de voir en quoi elles peuvent différer des races que nous regardons comme civilisées dans notre monde.

— Il est tout à fait impossible que vous fassiez seul un pareil voyage, — me dit Aph-Lin. — Même parmi les Vril-ya vous seriez exposé à de grands dangers. Certaines particularités de forme et de couleur et le phénomène extraordinaire des touffes de poils hérissés qui vous couvrent les joues, vous faisant reconnaître comme étranger à notre race et à toutes les races barbares connues jusqu'ici, attireraient l'attention du Collège des Sages dans toutes les tribus de Vril-ya et il dépendrait du caractère personnel de l'un des sages que vous fussiez reçu d'une façon aussi hospitalière que parmi nous ou disséqué séance tenante dans l'intérêt de la science. Sachez que quand le Tur vous a amené chez lui et pendant que Taë vous faisait dormir pour vous guérir de vos douleurs et de vos fatigues, les Sages appelés par le Tur étaient partagés sur la question de savoir si vous étiez un animal inoffensif ou malfaisant. Pendant votre sommeil, on a examiné vos dents, et elles ont montré clairement que vous n'étiez pas seulement herbivore, mais carnassier. Les animaux carnassiers de votre taille sont toujours détruits comme naturellement dangereux et sauvages. Nos dents, comme vous l'avez sans doute observé (1), ne sont pas celles des animaux qui déchirent la chair. Certains philosophes et Zee avec eux soutiennent, il est vrai, que, dans les siècles passés, les Ana faisaient leur proie des animaux et qu'alors leurs dents étaient faites pour cet usage. Mais s'il en est ainsi elles se sont transformées par l'hérédité et se sont adaptées au genre de

---

(1) Je ne l'avais jamais observé ; et, l'eussé-je fait, je ne suis pas assez physiologiste pour avoir remarqué la différence.

nourriture dont nous nous contentons aujourd'hui. Les barbares même, qui adoptent les institutions turbulentes et féroces du Glek-Nas, ne dévorent pas la chair comme des bêtes sauvages. Dans le cours de cette discussion, on proposa de vous disséquer ; mais Taë vous réclama et le Tur, étant par ses fonctions l'ennemi de toute nouvelle expérience, qui déroge à notre habitude de ne tuer que quand cela est indispensable au bonheur de la communauté, m'envoya chercher, car mon rôle, comme l'homme le plus riche du pays, est d'offrir l'hospitalité aux étrangers venus d'un pays éloigné. On me laissa le soin de décider si vous étiez un étranger que je pusse admettre ou non avec sécurité dans ma maison. Si j'avais refusé de vous recevoir, on vous aurait remis au Collège des Sages, et je n'aime pas à penser à ce qui aurait pu vous arriver en pareil cas. Outre ce danger, vous pourriez rencontrer un enfant de quatre ans, entré récemment en possession de sa baguette de vril et qui, dans la frayeur que lui causerait l'étrangeté de votre aspect, pourrait vous réduire en une pincée de cendres. Taë lui-même fut sur le point d'en faire autant quand il vous vit pour la première fois ; mais son père arrêta sa main. Je dis en conséquence que vous ne pouvez voyager seul ; mais avec Zee vous seriez en sûreté, et je ne doute pas qu'elle veuille bien vous accompagner dans un voyage chez les tribus voisines des Vril-ya.... pour les sauvages, non ! Je le lui demandérai.

Comme mon but principal était d'échapper à Zee, je m'écriai aussitôt : —

— Non, je vous en prie, n'en faites rien ! Je renonce à mon projet. Vous en avez dit assez sur les dangers que je pouvais courir pour m'arrêter ; et je ne puis m'empêcher de penser qu'il n'est pas convenable pour une jeune Gy douée d'autant d'attraits que votre fille de voyager en un pays étranger avec un aussi faible protecteur qu'un Tish de ma force et de ma taille.

Avant de me répondre, Aph-Lin laissa entendre le son doux et sifflant qui est le seul rire que se permette un An d'âge mûr.

— Pardonnez-moi la gaieté peu polie, mais momentanée, que m'inspire une observation faite sérieusement par mon hôte. Je n'ai pu m'empêcher de rire à l'idée de Zee, qui aime tant à protéger que les enfants la surnomment la Gardienne, ayant besoin d'un protecteur contre les dangers résultant de l'admiration audacieuse des hommes. Sachez que nos Gy-ei, tant qu'elles ne sont pas mariées, voyagent seules au milieu des autres tribus, pour voir si elles trouveront un An qui leur plaise mieux que ceux de leur propre tribu. Zee a déjà fait trois voyages semblables, mais jusqu'ici son cœur est resté libre.

L'occasion que je cherchais s'offrait à moi, et je dis en baissant les yeux et d'une voix tremblante : —

— Voulez-vous, mon cher hôte, me promettre de me pardonner, si je dis quelque chose qui puisse vous offenser ?

— Dites la vérité, et je ne pourrai être offensé ; ou, si je le suis, ce sera à vous et non à moi de pardonner.

— Eh bien ! alors, aidez-moi à vous quitter. Malgré le plaisir que j'aurais eu à voir toutes vos merveilles, à jouir du bonheur qui appartient à votre pays, laissez-moi retourner dans le mien.

— Je crains qu'il n'y ait de graves raisons qui m'en empêchent ; dans tous les cas, je ne puis rien faire sans la permission du Tur et il ne me l'accordera probablement pas. Vous ne manquez pas d'intelligence; vous pouvez, bien que je ne le pense pas, nous avoir caché la puissance destructive à laquelle est arrivé votre peuple; bref, vous pouvez nous causer quelque danger; et, si le Tur est de cet avis, son devoir serait de vous supprimer, ou de vous enfermer dans une cage pour le reste de vos jours. Mais pourquoi désirer quitter un peuple que vous avez la politesse de déclarer plus heureux que le vôtre?

— Oh! Aph-Lin, ma réponse est simple. De peur que, sans le vouloir, je trahisse votre hospitalité; de peur que, par un de ces caprices que dans notre monde on attribue proverbialement à l'autre sexe et dont une Gy elle-même n'est pas exempte, votre adorable fille daigne me regarder quoique Tish, comme si j'étais un An civilisé, et.... et.... et....

— Vous faire la cour pour vous épouser, — ajouta Aph-Lin gravement et sans le moindre signe de déplaisir ou de surprise.

— Vous l'avez dit.

— Ce serait un malheur, — répondit mon hôte

après un instant de silence, — et je sens que vous avez bien agi en m'avertissant. Comme vous le dites, il n'est pas rare qu'une jeune Gy montre un goût que les autres trouvent étrange; mais il n'existe pas de moyen de forcer une Gy à changer ses résolutions. Tout ce que nous pouvons faire, c'est d'employer le raisonnement, et l'expérience nous prouve que le Collège entier des Sages essaierait en vain de raisonner avec une Gy en matière d'amour. Je suis désolé pour vous, parce qu'un tel mariage serait contre l'A-glauran, ou bien de la communauté, car les enfants qui en naîtraient altéreraient la race; ils pourraient même venir au monde avec des dents de carnassiers ; on ne peut permettre une chose pareille : on ne peut rien contre Zee ; mais vous, comme Tish, on peut vous détruire. Je vous conseille donc de résister à ses sollicitations; de lui dire clairement que vous ne pouvez répondre à son amour. Cela arrive très souvent. Plus d'un An, ardemment aimé d'une Gy, la repousse et met fin à ses persécutions en en épousant une autre. Vous pouvez en faire autant.

— Non, puisque je ne puis épouser une autre

Gy, sans mettre en danger le bien de la communauté et l'exposer au péril d'élever des enfants carnivores.

— C'est vrai. Tout ce que je puis dire, et je le dis avec tout l'intérêt dû à un Tish et le respect dû à un hôte, mais je le dis franchement, c'est que si vous cédez, vous serez réduit en cendres. Je vous laisse le soin de trouver le meilleur moyen de vous défendre. Vous feriez peut-être bien de dire à Zee qu'elle est laide. Cette assurance, venant de la bouche de l'An qu'elle aime, suffit d'ordinaire à refroidir la Gy la plus ardente. Nous voici arrivés à ma maison de campagne.

XXIII.

Je conviens que ma conversation avec Aph-Lin et l'extrême froideur avec laquelle il avouait son impuissance à contrôler les dangereux caprices de sa fille et parlait du péril d'être réduit en cendres, où l'amoureuse flamme de Zee exposait ma trop séduisante personne, m'enleva tout le plaisir que j'aurais éprouvé en d'autres circonstances à visiter la propriété de mon hôte, à admirer la perfection merveilleuse des machines au moyen desquelles étaient accomplis tous les travaux. La maison avait un aspect tout différent du bâtiment sombre et massif qu'habitait Aph-Lin dans la ville et qui ressemblait aux rochers dans lesquels la cité avait été taillée. Les murs de la maison de campagne étaient composés d'arbres plantés à une petite distance les uns des autres, et les interstices remplis par cette substance métallique et transparente qui tient lieu de verre aux Ana. Ces arbres étaient couverts de fleurs, et l'effet en était charmant sinon de très bon goût. Nous fûmes reçus sur le seuil par des automates qui avaient l'air vivant. Ils nous conduisirent dans une chambre ; je n'en avais jamais vu de semblable, mais dans les jours d'été j'en avais souvent rêvé une pareille. C'était un bosquet, moitié chambre, moitié jardin. Les murs n'étaient qu'une masse de plantes grimpantes en fleurs. Les espaces ouverts, que nous appelons fenêtres et dont les panneaux métalliques étaient baissés, commandaient divers points de vue ; quelques-uns donnaient sur un vaste paysage avec ses lacs et ses rochers, les autres sur des espaces plus resserrés ressemblant à nos serres et remplis de gerbes de fleurs. Tout autour de la chambre se trouvaient des plates-bandes de fleurs, mêlées de coussins pour le repos. Au milieu étaient un bassin et une fontaine de ce liquide brillant que j'ai comparé au naphte. Il était lumineux et d'une couleur vermeille ; son éclat suffisait pour éclairer la chambre d'une lumière douce sans le secours des lampes. Tout le tour de la fontaine était tapissé d'un lichen doux et épais, non pas vert (je n'ai jamais vu cette couleur dans la végétation de ce pays), mais d'un brun doux sur lequel les yeux se reposent avec le même plaisir que nos yeux sur le gazon vert du monde supérieur. A l'extérieur et sur les fleurs (dans la partie que j'ai comparée à nos serres) se trouvaient des oiseaux innombrables, qui chantaient, pendant que nous étions dans la chambre, les airs qu'on leur enseigne d'une façon si merveilleuse. Il n'y avait point de toit. Le chant des oiseaux, le parfum des fleurs et la variété du spectacle offert aux yeux, tout charmait les sens, tout respirait un repos voluptueux. Quelle maison, pensais-je, pour une lune de miel, si une jeune épouse Gy n'était pas armée d'une façon si formidable non seulement des droits de la femme, mais de la force de l'homme! Mais quand on pense à une Gy si grande, si savante, si majestueuse, si au-dessus du niveau des créatures auxquelles nous donnons le nom de femmes, telle enfin que l'est

Zee, non! même quand je n'aurais pas eu peur d'être réduit en cendres, ce n'est pas à elle que j'aurais rêvé dans ce bosquet si bien fait pour les songes d'un poétique amour.

Les automates reparurent et nous servirent un de ces délicieux breuvages qui sont les vins innocents des Vrîl-ya.

— En vérité, — dis-je, — vous avez une charmante résidence, et je ne comprends guère comment vous ne vous fixez pas ici au lieu d'habiter une des sombres maisons de la cité.

— Je suis forcé d'habiter la ville, comme responsable envers la communauté de l'administration de la Lumière, et je ne puis venir ici que de temps en temps.

— Mais si je vous ai bien compris, cette charge ne vous rapporte aucun honneur et vous donne au contraire quelque peine, pourquoi donc l'avez-vous acceptée?

— Chacun de nous obéit sans observation aux ordres du Tur. Il a dit : Aph-Lin est chargé des fonctions de Commissaire de la Lumière. Je n'avais plus le choix. Mais comme j'occupe cette charge depuis longtemps, les soins qu'elle exige et qui, d'abord, me furent pénibles, sont devenus sinon agréables, du moins supportables. Nous sommes tous formés par l'habitude ; les différences mêmes entre nous et les sauvages ne sont que le résultat d'habitudes transmises, qui par l'hérédité deviennent une partie de nous-mêmes. Vous voyez qu'il y a des Ana qui se résignent même au fardeau de la suprême magistrature ; personne ne le ferait si les devoirs n'en devenaient légers, ou si l'on n'était obéi sans murmure.

— Mais si les ordres du Tur vous paraissaient contraires à la justice ou à la raison ?

— Nous ne nous permettons pas de supposer de telles choses, et tout va comme si tous et chacun se gouvernaient d'après des coutumes remontant à un temps immémorial.

— Quand le premier magistrat meurt ou se retire, comment lui donnez-vous un successeur ?

— L'An qui a rempli les fonctions de premier magistrat pendant longtemps est regardé comme la personne la plus capable de comprendre les devoirs de sa charge, et c'est lui qui nomme ordinairement son successeur.

— Son fils, peut-être ?

— Rarement ; car ce n'est pas une charge que personne ambitionne et un père hésite naturellement à l'imposer à son fils. Mais si le Tur lui-même refuse de faire un choix de peur qu'on ne lui attribue quelque sentiment de malveillance envers la personne choisie, trois des membres du Collège des Sages tirent au sort lequel d'entre eux aura le droit d'élire le nouveau Tur. Nous regardons le jugement d'un An d'intelligence ordinaire comme meilleur que celui de trois ou davantage, quelque sages qu'ils soient ; car entre trois il y aurait probablement des discussions ; et, là où on discute, la passion obscurcit le jugement. Le plus mauvais choix fait par un homme qui n'a aucun motif de choisir mal est meilleur que le meilleur choix fait par un grand nombre de gens qui ont beaucoup de motifs de ne pas choisir bien.

— Vous renversez dans votre politique les maximes adoptées dans mon pays.

— Êtes-vous, dans votre pays, tous satisfaits de vos gouvernants ?

— Tous ! certainement non ; les gouvernants

qui plaisent le mieux aux uns sont sûrement ceux qui déplaisent le plus aux autres.

— Alors notre système est meilleur que le vôtre.

— Pour vous, peut-être ; mais suivant notre système on ne pourrait pas réduire un Tish en cendres parce qu'une femme l'aurait forcé à l'épouser, et comme Tish, je soupire après le monde où je suis né.

— Rassurez-vous, mon cher petit hôte ; Zee ne peut pas vous forcer à l'épouser. Elle ne peut que vous séduire. Ne vous laissez pas séduire. Venez, nous allons faire le tour du domaine.

Nous visitâmes d'abord une cour entourée de hangars, car quoique les Ana n'élèvent pas d'animaux pour la nourriture, ils en ont un certain nombre qu'ils élèvent pour leur lait, et d'autres pour leur laine. Les premiers ne ressemblent en rien à nos vaches, ni les seconds à nos moutons, ni, à ce qu'il me semble, à aucune des espèces de notre monde. Ils se servent du lait de trois espèces : l'une qui ressemble à l'antilope, mais beaucoup plus grande et presque de la taille du chameau ; les deux autres espèces sont plus petites, elles diffèrent l'une de l'autre, mais ne ressemblent à aucun animal que j'aie vu sur terre. Ce sont des animaux à poil luisant et aux formes arrondies ; leur couleur est celle du daim tacheté, et ils paraissent fort doux avec leurs grands yeux noirs. Le lait de ces trois espèces diffère de goût et de valeur. On le coupe ordinairement avec de l'eau et on le parfume avec le jus d'un fruit savoureux ; de lui-même, d'ailleurs, il est délicat et nourrissant. L'animal, dont la laine leur sert pour leurs vêtements et d'autres usages, ressemble plus à la chèvre italienne qu'à toute autre créature, mais il est plus grand et n'a pas de cornes ; il n'exhale pas non plus l'odeur désagréable de nos chèvres. Sa laine n'est pas épaisse, mais très longue et très fine ; elle est de couleurs variées, jamais blanche, mais plutôt couleur d'ardoise ou de lavande. Pour les vêtements on l'emploie teinte suivant le goût de chacun. Ces animaux sont parfaitement apprivoisés, et les enfants qui les soignaient (des filles pour la plupart) les traitaient avec un soin et une affection extraordinaires.

Nous allâmes ensuite dans de grands magasins remplis de grains et de fruits. Je puis remarquer ici que la principale nourriture de ces peuples se compose, d'abord, d'une espèce de grain dont l'épi est plus gros que celui de notre blé et dont la culture produit sans cesse des variétés d'un goût nouveau ; et, ensuite, d'un fruit assez semblable à une petite orange, qui est dur et amer quand on le récolte. On le serre dans les magasins et on l'y laisse plusieurs mois, il devient alors tendre et succulent. Son jus, d'une couleur rouge foncé, entre dans la plupart de leurs sauces. Ils ont beaucoup de fruits de la nature de l'olive et ils en extraient de l'huile délicieuse. Ils ont une plante qui ressemble un peu à la canne à sucre, mais le jus en est moins doux et il possède un parfum délicat. Ils n'ont point d'abeilles ni aucun insecte qui amasse du miel, mais ils se servent beaucoup d'une gomme douce, qui suinte d'un conifère assez semblable à l'araucaria. Leur sol est très riche en racines et en légumes succulents, que leur culture tend à perfectionner et à varier à l'infini. Je ne me souviens pas d'avoir pris un seul repas parmi ce peuple, même tout à fait en famille, dans lequel on ne servît pas quelqu'une de ces délicates nouveautés. Enfin, comme je l'ai déjà remarqué, leur cuisine est si exquise, si variée, si fortifiante, qu'on ne regrette pas d'être privé de viande. Du reste, la force physique des Vril-ya prouve que, pour eux du moins, la viande n'est pas nécessaire à la production des fibres musculaires. Ils n'ont pas de raisins; les boissons qu'ils tirent de leurs fruits sont inoffensives et rafraîchissantes. Leur principale boisson est l'eau, dans le choix de laquelle ils sont très délicats, et ils distinguent tout de suite la plus légère impureté.

— Mon second fils prend grand plaisir à augmenter nos produits, — me dit Aph-Lin, comme nous quittions les magasins, — et par conséquent il héritera de ces terres qui constituent la plus grande partie de ma fortune. Un semblable héritage serait un grand souci et une véritable affliction pour mon fils aîné.

— Y a-t-il parmi vous beaucoup de fils qui regardent l'héritage d'une fortune considérable comme un souci et une affliction?

— Sans doute; il y a peu de Vril-ya qui ne

regardent une fortune très au-dessus de la moyenne comme un pesant fardeau. Nous devenons un peu indolents quand notre enfance est terminée, et nous n'aimons pas à avoir trop de souci; or, une grande fortune cause beaucoup de souci. Par exemple, elle nous désigne pour les fonctions publiques que nul parmi nous ne désire, et que nul ne peut refuser. Elle nous force à nous occuper de nos concitoyens plus pauvres, afin de prévenir leurs besoins et de les empêcher de tomber dans la misère. Il y a parmi nous un vieux proverbe qui dit : « Les besoins du pauvre sont la honte du riche.... »

— Pardonnez-moi si je vous interromps un instant. Vous avouez donc que, même parmi les Vril-ya, quelques-uns des citoyens connaissent l'indigence et ont besoin de secours?

— Si par besoin vous entendez le dénuement qui domine dans un Koom-Posh, je vous répondrai que *cela* n'existe pas chez nous, à moins qu'un An, par quelque accident extraordinaire, ait perdu toute sa fortune, ne puisse pas ou ne veuille pas émigrer, qu'il ait épuisé les secours empressés de ses parents et de ses amis, ou bien qu'il les refuse.

— Eh bien, dans ce cas ne l'emploie-t-on pas pour remplacer un enfant ou un automate, n'en fait-on pas un ouvrier ou un domestique?

— Non, nous le regardons alors comme un malheureux qui a perdu la raison et nous le plaçons, aux frais de l'État, dans un bâtiment public où on lui prodigue tous les soins et tout le luxe nécessaires pour adoucir son état. Mais un An n'aime pas à passer pour fou, et des cas semblables se présentent si rarement que le bâtiment dont je parle n'est plus aujourd'hui qu'une ruine, et le dernier habitant qu'il y ait eu est un An que je me souviens d'avoir vu dans mon enfance. Il ne semblait pas s'apercevoir de son manque de raison et il écrivait des glaubs (poésies). Quand j'ai parlé de besoins, j'ai voulu dire ces désirs que la fortune d'un An peut ne pas lui permettre de satisfaire, comme les oiseaux chantants d'un prix élevé, ou une plus grande maison, ou un jardin à la campagne; et le moyen de satisfaire ces désirs c'est d'acheter à l'An qui les forme les choses qu'il vend. C'est pourquoi les Ana riches comme moi sont obligés d'acheter beaucoup de choses dont ils n'ont pas besoin et de mener un grand train de maison, quand ils préféreraient une vie plus simple. Par exemple, la grandeur de ma maison de ville est une source de soucis pour ma femme et même pour moi ; mais je suis forcé de l'avoir si grande qu'elle en est incommode pour nous, parce que, comme l'An le plus riche de la tribu, je suis désigné pour recevoir les étrangers venus des autres tribus pour nous visiter, ce qu'ils font en foule deux fois par an, à l'époque de certaines fêtes périodiques et quand nos parents dispersés dans les divers États viennent se réunir à nous quelque temps. Cette hospitalité sur une si vaste échelle n'est pas de mon goût et je serais plus heureux si j'étais moins riche. Mais nous devons tous accepter le lot qui nous est assigné dans ce court voyage que nous appelons la vie. Après tout, qu'est-ce que cent ans, environ, comparés aux siècles que nous devons traverser ? Heureusement j'ai un fils qui aime la richesse. C'est une rare exception à la règle générale et je confesse que je ne puis le comprendre.

Après cette conversation je cherchai à revenir au sujet qui continuait à peser sur mon cœur... je veux dire aux chances que j'avais d'échapper à Zee. Mais mon hôte refusa poliment de renouveler la discussion et demanda son bateau aérien. En revenant, nous rencontrâmes Zee, qui s'apercevant de notre départ, à son retour du Collège des Sages, avait déployé ses ailes et s'était mise à notre recherche.

Sa belle, mais pour moi peu attrayante physionomie s'illumina en nous voyant, et, s'approchant du bateau les ailes étendues, elle dit à Aph-Lin d'un ton de reproche : —

— Oh! père, n'as-tu pas eu tort d'exposer la vie de ton hôte dans un véhicule auquel il est si peu accoutumé? Il aurait pu, par un mouvement imprudent, tomber par-dessus le bord, et hélas! il n'est pas comme nous, il n'a pas d'ailes. Ce serait la mort pour lui. Cher! — ajouta-t-elle en m'abordant et parlant d'une voix douce, ce qui ne m'empêchait pas de trembler, — ne pensais-tu donc pas à moi quand tu exposais ainsi une vie qui est devenue pour ainsi dire une partie de la mienne? Ne sois plus aussi téméraire à moins que tu ne sois avec moi. Quelle frayeur tu m'as causée !

Je regardai Aph-Lin, espérant du moins qu'il réprimanderait sa fille, pour avoir exprimé son inquiétude et son affection en des termes qui, dans notre monde, seraient toujours regardés comme inconvenants dans la bouche de toute jeune fille parlant à un autre qu'à son fiancé, fût-il du même rang qu'elle.

Mais les droits des femmes sont si bien établis en ce pays et, parmi ces droits, les femmes revendiquent si absolument le privilège de faire leur cour aux hommes, qu'Aph-Lin n'aurait pas plus pensé à réprimander sa fille qu'à désobéir au Tur. Chez ce peuple, comme il me l'avait dit, la coutume est tout.

— Zee, — répondit-il doucement, — le Tish ne courait aucun danger, et mon opinion est qu'il peut très bien prendre soin de lui-même.

— J'aimerais mieux qu'il me laissât me charger de ce soin. Oh ! ma chère âme, c'est à la pensée du danger que tu courais que j'ai senti pour la première fois combien je t'aimais !

Jamais homme ne se trouva dans une plus

fausse position. Ces paroles étaient prononcées assez haut pour que le père de Zee les entendît, ainsi que l'enfant qui nous conduisait. Je rougis de honte pour eux et pour elle et ne pus m'empêcher de répondre avec dépit : —

— Zee, ou vous vous moquez de moi, ce qui est inconvenant vis-à-vis l'hôte de votre père, ou les paroles que vous venez de m'adresser sont malséantes dans la bouche d'une jeune Gy, même en s'adressant à un An, si ce dernier ne lui a pas fait la cour avec l'autorisation de ses parents. Mais combien elles sont plus inconvenantes encore, adressées à un Tish qui n'a jamais essayé de gagner vos affections et qui ne pourra jamais vous regarder avec d'autres sentiments que ceux du respect et de la crainte.

Aph-Lin me fit à la dérobée un signe d'approbation, mais ne dit rien.

— Ne soyez pas si cruel! — s'écria Zee, sans baisser la voix. — L'amour véritable est-il maître de lui-même? Supposez-vous qu'une jeune Gy puisse cacher un sentiment qui l'élève? De quel pays venez-vous donc?

Ici Aph-Lin s'interposa doucement.

— Parmi les Tish-a, — dit-il, — les droits de ton sexe ne paraissent pas être établis, et dans tous les cas mon hôte pourra causer plus librement avec toi, quand il ne sera pas gêné par la présence d'autrui.

Zee ne répondit rien à cette observation, mais me lançant un regard de tendre reproche, elle agita ses ailes et s'envola vers la maison.

— J'avais compté, du moins, sur quelque assistance de mon hôte, — dis-je avec amertume, — dans les dangers auxquels sa fille m'expose.

— J'ai fait tout ce que je pouvais faire. Contrarier une Gy dans ses amours, c'est affermir sa résolution. Elle ne permet à aucun conseiller de se mettre entre elle et l'objet de son affection.

XXIV.

En descendant du bateau aérien, Aph-Lin fut abordé dans le vestibule par un enfant qui venait le prier d'assister aux obsèques d'un ami qui avait depuis peu quitté ce bas monde.

Je n'avais jamais vu aucun cimetière dans le pays et, heureux de saisir même cette triste occasion d'éviter un entretien avec Zee, je demandai à Aph-Lin s'il me serait permis d'assister à l'enterrement de son parent, à moins que cette cérémonie ne fût regardée comme trop sacrée pour qu'on y admît un être d'une race différente.

— Le départ d'un An pour un monde meilleur, — me répondit mon hôte, — alors que, comme mon parent, il a vécu assez longtemps dans celui-ci pour n'y plus goûter de plaisir, est plutôt une fête animée d'une joie tranquille qu'une cérémonie sacrée, et vous pouvez m'accompagner si vous voulez.

Précédés par le jeune messager, nous nous rendîmes à une des maisons de la grande rue et, entrant dans l'antichambre, nous fûmes conduits à une salle du rez-de-chaussée, où nous trouvâmes plusieurs personnes réunies autour d'une couche sur laquelle était étendu le défunt. C'était un vieillard qui, me dit-on, avait dépassé sa cent trentième année. A en juger par le calme sourire de son visage, il était mort sans souffrances. Un des fils, qui se trouvait maintenant le chef de la famille et qui semblait encore dans toute la vigueur de l'âge, bien qu'il eût beaucoup plus de soixante-dix ans, s'avança vers Aph-Lin avec un visage joyeux et lui dit que la veille de sa mort son père avait vu en songe sa Gy déjà morte, qu'il était pressé d'aller la rejoindre et de redevenir jeune sous le sourire plus proche de la Bonté Suprême.

Pendant qu'ils s'entretenaient ainsi, mon attention fut attirée par un objet noir et métallique placé à l'autre bout de la chambre. Cet objet avait vingt pieds de long environ et était étroit proportionnellement à sa largeur : il était fermé de tous côtés, sauf le dessus, où l'on voyait de petits trous ronds au travers desquels scintillait une lueur rouge. De l'intérieur s'exhalait un parfum doux et pénétrant. Pendant que je me demandais à quoi pouvait servir cette machine, toutes les horloges de la ville se mirent à sonner l'heure avec leur solennel carillon. Quand ce bruit cessa, une musique d'un caractère plus joyeux, mais cependant calme et douce, emplit la chambre et les pièces voisines. Tous les assistants se mirent à chanter en chœur sur cet accompagnement. Les paroles de cet hymne étaient fort simples. Elles n'exprimaient ni adieux, ni regrets, mais semblaient plutôt souhaiter la bienvenue dans ce monde meilleur au défunt qui y précédait les chanteurs. Dans leur langue, ils appellent l'hymne des funérailles le Chant de la Naissance. Alors le corps couvert de longues draperies fut soulevé avec tendresse par six parents et porté vers l'objet noir que j'ai décrit. Je m'avançai pour voir ce qui allait arriver. On souleva une trappe ou coulisse à l'un des bouts de la machine, le corps fut déposé à l'intérieur sur une planche, la porte refermée, on toucha un ressort sur le côté, un certain sifflement se fit entendre; aussitôt l'autre bout de la machine s'ouvrit et une petite poignée de cendres tomba dans une coupe préparée à l'avance pour les recevoir. Le fils du défunt prit cette coupe et dit (j'appris plus tard que ces paroles étaient une formule consacrée) : —

— Voyez combien le Créateur est grand! Il a donné à ce peu de cendres une forme, une vie, une âme. Il n'a pas besoin de ces cendres pour rendre l'âme, la forme et la vie au bien-aimé que nous rejoindrons bientôt.

Tous les assistants s'inclinèrent en mettant la main sur leur cœur. Alors une petite fille ouvrit une porte dans le mur et j'aperçus dans un enfoncement, sur des étagères, plusieurs coupes semblables à celle que j'avais vue sauf qu'elles avaient toutes des couvercles. Une Gy s'approcha alors du fils, en tenant à la main un couvercle qu'elle plaça sur la coupe et qui s'y adapta au moyen d'un ressort. Sur le côté se trouvaient gravés le nom du défunt et ces mots : « Il nous fut prêté » (ici la date de la naissance). « Il nous fut retiré » (ici la date de la mort).

La porte se ferma avec un bruit musical, et tout fut terminé.

XXV.

— Et c'est là, — dis-je, l'esprit tout plein du spectacle auquel je venais d'assister, — c'est là votre manière habituelle d'enterrer vos morts?

— C'est notre coutume invariable, — me répondit Aph-Lin. — Comment faites-vous dans votre monde?

— Nous enterrons le corps entier dans le sol?

— Quoi! dégrader ainsi le corps que vous avez aimé et respecté, la femme sur le sein de laquelle vous avez dormi! vous l'abandonnez aux horreurs de la corruption!

— Mais, si l'âme est immortelle, qu'importe que le corps se décompose dans la terre ou soit réduit par cette effroyable machine, mue, je n'en doute pas, par la puissance du vril, en une petite pincée de cendres?

— Votre réponse est judicieuse, — dit mon hôte, — et il n'y a pas à discuter une question de sentiment. Mais pour moi, votre coutume est horrible et répugnante, elle doit servir, ce me semble, à entourer la mort d'idées sombres et hideuses. C'est quelque chose aussi, selon moi, de pouvoir conserver un souvenir de celui qui a été notre ami ou notre parent, dans la maison que nous habitons. Nous sentons ainsi qu'il vit encore, quoique invisible à nos yeux. Mais nos sentiments en ceci, comme en toutes choses, sont créés par l'habitude. Un An sage ne peut pas plus qu'un État sage changer une coutume sans les délibérations les plus graves, suivies de la conviction la plus sincère. C'est ainsi que le changement cesse d'être un caprice, et qu'une fois accompli, il l'est pour tout de bon.

Quand nous rentrâmes chez lui, Aph-Lin appela quelques enfants et les envoya chez ses amis pour les prier de venir ce jour-là, aux Heures Oisives, afin de fêter le départ de leur parent rappelé par la Bonté Suprême. Cette réunion fut la plus nombreuse et la plus gaie que j'ai jamais vue pendant mon séjour chez les Ana, et elle se prolongea fort tard pendant les Heures Silencieuses.

Le banquet fut servi dans une salle réservée pour les grandes occasions. Ce repas différait des nôtres et ressemblait assez à ceux dont nous lisons la description dans les écrits qui nous retracent l'époque la plus luxueuse de l'empire romain. Il n'y avait pas une seule grande table, mais un grand nombre de petites tables, destinées chacune à huit convives. On prétend que, au delà de ce nombre, la conversation languit et l'amitié se refroidit. Les Ana ne rient jamais tout haut, comme je l'ai déjà dit ; mais le son joyeux de leurs voix aux différentes tables prouvait la gaieté de leur conversation. Comme ils n'ont aucune boisson excitante et mangent très sobrement, quoique délicats dans le choix de leurs mets, le banquet ne dura pas longtemps. Les tables disparurent à travers le plancher et la musique commença pour ceux qui l'aimaient. Beaucoup, cependant, se mirent à se promener : les plus jeunes s'envolèrent, car la salle était à ciel ouvert, et formèrent des danses aériennes; d'autres erraient dans les appartements, examinant les curiosités dont ils étaient remplis, ou se formaient en groupes pour jouer à divers jeux; le plus en vogue est une sorte de jeu d'échecs compliqué qui se joue à huit. Je me mêlai à la foule, sans pouvoir prendre part aux conversations, grâce à la présence de l'un ou de l'autre des fils de mon hôte, toujours placé à côté de moi, pour empêcher qu'on ne m'adressât des questions embarrassantes. Les gens me remarquaient peu : ils s'étaient habitués à mon aspect, en me voyant souvent dans les rues, et j'avais cessé d'exciter une vive curiosité.

A mon grand contentement, Zee m'évitait et cherchait évidemment à exciter ma jalousie par ses attentions marquées envers un jeune An, très beau garçon et qui (tout en baissant les yeux et en rougissant suivant la coutume modeste des Ana quand une femme leur parle, et en paraissant aussi timide et aussi embarrassé que la plupart des jeunes filles du monde civilisé, excepté en Angleterre et en Amérique) était évidemment séduit par la belle Gy et prêt à balbutier un modeste oui si elle l'en avait prié. Espérant de tout mon cœur qu'elle y viendrait, et de plus en plus rebelle à l'idée d'être réduit en cendres, depuis que j'avais vu avec quelle rapidité un corps humain peut être transformé en une pincée de poussière, je m'amusai à examiner les manières des autres jeunes gens. J'eus la satisfaction de remarquer que Zee n'était pas seule à revendiquer les plus précieux droits de la femme. Partout où je portai les yeux, partout où j'écoutai une conversation, il me semblait que c'était la Gy qui témoignait de l'empressement et l'An qui se montrait timide et qui résistait. Les jolis airs d'innocence que se donne un An quand on le courtise ainsi, la dextérité avec laquelle il évite de répondre directement aux déclarations, ou tourne en plaisanterie les compliments flatteurs qu'on lui adresse, feraient honneur à la coquette la plus accomplie. Mes deux chaperons furent soumis à ces influences séductrices, et tous deux s'en tirèrent de façon à faire honneur à leur tact et à leur sang-froid.

Je dis au fils aîné, qui préférait la mécanique à l'administration d'une grande propriété et qui était d'un tempérament éminemment philosophique : —

— Je suis surpris qu'à votre âge, entouré de tous les objets qui peuvent enivrer les sens, de musique, de lumière, de parfums, vous vous montriez assez froid pour que cette jeune Gy si passionnée vous quitte les larmes aux yeux à cause de votre cruauté.

— Aimable Tish, — répondit le jeune An avec un soupir, — le plus grand malheur de la vie, c'est d'épouser une Gy quand on en aime une autre?

— Oh! vous êtes amoureux d'une autre?

— Hélas! oui!

— Et elle ne répond pas à votre amour?

— Je ne sais. Quelquefois un regard, un mot, me le fait espérer; mais elle ne m'a jamais dit qu'elle m'aimait.

— Ne lui avez-vous jamais murmuré à l'oreille que vous l'aimiez?

— Fi!... A quoi pensez-vous? D'où venez-vous donc? Puis-je trahir ainsi l'honneur de mon sexe? Pourrais-je être assez peu viril, assez dépourvu de pudeur pour avouer mon amour à une

Gy qui n'a point devancé mon aveu par le sien?

— Je vous demande pardon; je ne croyais pas que la modestie de votre sexe fût poussée si loin chez vous. Mais un An ne dit-il jamais à une Gy : Je vous aime, si elle ne le lui a dit la première?

— Je ne puis dire qu'aucun An ne l'ait jamais fait, mais celui qui se conduit ainsi est déshonoré aux yeux des Ana, et les Gy-ei le méprisent en secret. Aucune Gy bien élevée ne l'écouterait; elle regarderait cet aveu comme une usurpation audacieuse des droits de son sexe et un outrage à la modestie du nôtre. C'est bien fâcheux, — continua le jeune An, — car celle que j'aime n'a certainement fait la cour à aucun autre, et je ne puis m'empêcher de penser que je lui plais. Quelquefois je soupçonne qu'elle ne me fait pas la cour parce qu'elle craint que je n'exige quelque convention déraisonnable au sujet de l'abandon de ses droits. S'il en est ainsi, elle ne m'aime pas réellement, car lorsqu'une Gy aime, elle abandonne tous ses droits.

— Cette jeune Gy est-elle ici?

— Oh! oui. La voilà là-bas assise près de ma mère.

Je regardai dans la direction indiquée et j'aperçus une Gy habillée de vêtements d'un rouge brillant, ce qui chez ce peuple indique qu'une Gy préfère encore le célibat. Elle porte du gris, teinte neutre, pour indiquer qu'elle cherche un époux; du pourpre foncé, si elle veut faire entendre qu'elle a fait un choix; du pourpre et orange, si elle est fiancée ou mariée; du bleu clair, quand elle est divorcée ou veuve et désire se remarier. Le bleu clair est naturellement très rare.

Au milieu d'un peuple chez qui la beauté est si universellement répandue, il est difficile de distinguer une femme plus belle que les autres. La Gy choisie par mon ami me parut posséder la moyenne des charmes, mais son visage avait une expression qui me plaisait beaucoup plus que celui de la plupart des Gy-ei; elle paraissait moins hardie, moins pénétrée des droits de la femme. Je remarquai qu'en causant avec Bra elle jetait de temps en temps un regard de côté vers mon jeune ami.

— Courage, — lui dis-je, — la jeune Gy vous aime.

— Oui, mais si elle ne veut pas me le dire, en suis-je plus heureux?

— Votre mère connaît votre amour?

— Peut-être bien. Je ne le lui ai jamais avoué. Il serait peu viril de confier une pareille faiblesse à sa mère. Je l'ai dit à mon père; il se peut qu'il l'ait répété à sa femme.

— Voulez-vous me permettre de vous quitter un moment et de me glisser derrière votre mère et votre bien-aimée? Je suis sûr qu'elles parlent de vous. N'hésitez pas. Je vous promets de ne pas me laisser questionner jusqu'au moment où je vous rejoindrai.

Le jeune An mit sa main sur son cœur, me toucha légèrement la tête, et me permit de le quitter. Je me glissai sans être remarqué derrière sa mère et sa bien-aimée et j'entendis leur conversation.

C'était Bra qui parlait.

— Il n'y a aucun doute à cet égard, — disait-elle, — ou bien mon fils, qui est d'âge à se marier, sera entraîné par une de ses nombreuses prétendantes, ou il se joindra aux émigrants qui s'en vont au loin, et nous ne le verrons plus. Si vous l'aimez réellement, ma chère Lo, vous devriez vous déclarer...

— Je l'aime beaucoup, Bra; mais je ne sais si je pourrai jamais gagner son affection. Il a tant de passion pour ses inventions et ses horloges; et je ne suis pas comme Zee, je suis si sotte que je crains de ne pouvoir entrer dans ses goûts favoris, et alors il se fatiguera de moi, et au bout des trois ans il divorcera, et je ne pourrais jamais en épouser un autre.... non, jamais.

— Il n'est pas nécessaire de connaître le mécanisme d'une horloge pour savoir devenir si nécessaire au bonheur d'un An, qu'il abandonnerait plutôt toutes ses mécaniques que de renvoyer sa Gy. Vous voyez, ma chère Lo, — continua Bra, — que précisément parce que nous sommes le sexe le plus fort, nous gouvernons l'autre à condition de ne jamais laisser voir notre force. Si vous étiez supérieure à mon fils dans la construction des horloges et des automates, comme sa femme vous devriez toujours lui laisser croire que la supériorité est de son côté; l'An accepte tacitement la supériorité de la Gy en tout, excepté dans les choses de sa vocation. Mais si elle le dépasse dans ces choses-là ou si elle affecte de ne pas admirer son talent, il ne l'aimera pas longtemps ; peut-être même divorcera-t-il. Mais quand une Gy aime réellement, elle apprend bien vite à aimer tout ce qui est agréable à l'An.

La jeune Gy ne répondit rien à ce discours. Elle baissa les yeux d'un air rêveur, puis un sourire se glissa sur ses lèvres, elle se leva sans rien dire, et, traversant la foule, elle s'approcha de l'An qui l'aimait. Je la suivis, mais je me tins à quelque distance en l'observant. Je fus surpris, jusqu'au moment où je me souvins de la tactique modeste des Ana, de voir l'indifférence avec laquelle le jeune homme paraissait recevoir les avances de Lo. Il fit mine de s'éloigner, mais elle le suivit, et peu de temps après, je les vis étendre leurs ailes et s'élancer dans l'espace lumineux.

Au même instant, je fus accosté par le magistrat suprême, qui se mêlait à la foule sans aucune marque particulière de déférence ou d'honneur. Je n'avais pas revu ce haut dignitaire depuis le jour où j'étais entré dans son domaine, et me rappelant les paroles d'Aph-Lin à propos du terrible doute qu'il avait exprimé sur la question de savoir si je devais ou non être disséqué, je me sentis frissonner en regardant son visage tranquille.

— J'entends beaucoup parler de vous, étranger, par mon fils Taë, — dit le Tur, en posant poliment la main sur ma tête inclinée. — Il aime beaucoup votre société, et j'espère que les mœurs de notre peuple ne vous déplaisent pas.

Je murmurai une réponse inintelligible, qui devait exprimer ma reconnaissance pour toutes les bontés dont m'avait comblé le Tur et mon admiration pour ses compatriotes; mais le scalpel à disséquer brillait devant mes yeux et arrêtait les mots dans ma gorge. Une voix plus douce dit tout à coup : —

— L'ami de mon frère doit m'être cher.

En levant les yeux, j'aperçus une jeune Gy qui pouvait avoir seize ans, debout à côté du magistrat et me regardant avec bonté. Elle n'avait pas atteint toute sa taille, et n'était pas beaucoup plus grande que moi (cinq pieds dix pouces environ), et grâce à cette petitesse relative, je trouvai que c'était la plus jolie Gy que j'eusse encore vue. Je suppose que quelque chose dans mon regard trahit ma pensée, car sa physionomie devint encore plus douce.

— Taë me dit, — reprit-elle, — que vous n'avez pas appris à vous servir de nos ailes. Cela me fait de la peine, car j'aurais aimé à voler avec vous.

— Hélas ! — répondis-je, — je ne puis espérer de jouir jamais de ce bonheur. Zee m'a assuré que le don de se servir des ailes avec sécurité était héréditaire et qu'il faudrait des siècles avant qu'un être de ma race pût planer dans les airs comme un oiseau.

— Que cette pensée ne vous désole pas trop, — me répondit l'aimable Princesse, — car, après tout, un jour viendra où, Zee et moi, nous déposerons nos ailes pour toujours. Peut-être quand ce jour arrivera, serions-nous toutes heureuses que l'An que nous choisirons ne possédât pas d'ailes.

Le Tur nous avait quittés et se perdait dans la foule. Je commençais à me sentir à l'aise avec la charmante sœur de Taë et je l'étonnai un peu par la hardiesse de mon compliment en répondant que l'An qu'elle choisirait ne se servirait jamais de ses ailes pour fuir loin d'elle. Il est tellement contre l'usage qu'un An adresse un tel compliment à une Gy jusqu'à ce qu'elle lui ait déclaré son amour, que la jeune fille resta un instant muette d'étonnement. Mais elle n'avait pas l'air mécontent. Enfin, reprenant son sang-froid, elle m'invita à l'accompagner dans un salon moins encombré pour écouter le chant des oiseaux. Je suivis ses pas pendant qu'elle glissait devant moi et elle me mena dans une salle où il n'y avait presque personne. Une fontaine de naphte jaillissait au milieu; des divans moelleux étaient rangés tout autour, et tout un côté de la pièce, dépourvu de murs, donnait accès dans une volière remplie d'oiseaux, qui chantaient en chœur. La Gy s'assit sur l'un des divans et je me plaçai près d'elle.

— Taë m'a dit qu'Aph-Lin avait fait une loi (1)

(1) Littéralement : a dit : *On est prié dans cette maison.* Les mots synonymes de lois sont évités par ce peuple singulier, comme impliquant une idée de contrainte. Si le Tur avait décidé que son Collège des Sages devait disséquer, le décret aurait porté ceci : *On prie, pour le bien de la communauté, que le Tish carnivore soit prié de se soumettre à la dissection.*

pour sa maison afin d'éviter qu'on vous questionnât sur le pays d'où vous venez ou sur la raison qui vous a porté à nous visiter. Est-ce vrai?

— Oui.

— Puis-je, du moins, sans manquer à cette loi, vous demander si les Gy-ei de votre pays sont d'une couleur pâle comme la vôtre et si elles ne sont pas plus grandes?

— Je ne pense pas, ô belle Gy, enfreindre la loi d'Aph-Lin, à laquelle je suis plus obligé que tout autre de me soumettre, en répondant à des questions aussi inoffensives. Les Gy-ei de mon pays sont beaucoup plus blanches et elles sont ordinairement plus petites que moi d'au moins une tête.

— Elles ne peuvent être aussi fortes que les Ana parmi nous. Mais je pense que leur force en vril, supérieure à la vôtre, compense une si grande différence de taille.

— Elles ne se servent pas de la force du vril comme vous l'entendez. Mais cependant elles sont très puissantes dans mon pays et un An n'a pas grande chance de mener une heureuse vie s'il n'est pas plus ou moins gouverné par sa Gy.

— Voilà un mot plein de sentiment, — dit la sœur de Taë d'un ton à demi triste, à demi pétulant. — Vous n'êtes pas marié sans doute ?

— Non.... certainement non.

— Ni fiancé ?

— Ni fiancé.

— Est-il possible qu'aucune Gy ne vous ait demandé en mariage ?

— Dans mon pays, ce n'est pas la Gy qui fait cette demande : c'est l'An qui parle le premier.

— Quel étrange renversement des lois de la nature, — dit la jeune fille, — et quel manque de modestie dans votre sexe ! Mais vous n'avez jamais demandé une Gy.... vous n'en avez jamais aimé une plus que l'autre ?

Je me sentais embarrassé par ces questions ingénues.

— Pardonnez-moi, — répondis-je, — mais je crois que nous commençons à dépasser les limites fixées par Aph-Lin. Je vais répondre à votre dernière question, mais, je vous en prie, ne m'en faites pas d'autres. J'ai ressenti une fois la préférence dont vous parlez. Je fis ma demande et la jeune Gy m'aurait accepté de grand cœur, mais ses parents refusèrent leur consentement.

— Ses parents !.... Voulez-vous dire sérieusement que les parents peuvent intervenir dans le choix fait par leurs filles ?

— Oui, vraiment, ils le peuvent et ils le font assez souvent.

— Je n'aimerais pas à vivre dans ce pays, — dit simplement la Gy ; — mais j'espère que vous n'y retournerez jamais.

Je baissai la tête en silence. La Gy la releva doucement avec sa main droite et me regarda avec tendresse.

— Restez avec nous, — dit-elle, — restez avec nous et soyez aimé.

Je tremble encore en pensant à ce que j'aurais pu répondre, au danger que je courais d'être réduit en cendres, quand la clarté de la fontaine de naphte fut obscurcie par l'ombre de deux ailes, et Zee, descendant par le plafond ouvert, se posa près de nous. Elle ne dit pas un mot, mais prenant mon bras dans sa puissante main, elle m'emmena, comme une mère emmène un enfant méchant, et me conduisit à travers les appartements vers l'un des corridors ; de là, par une de ces machines qu'ils préfèrent aux escaliers, nous montâmes à ma chambre. Arrivés là, Zee souffla sur mon front, toucha ma poitrine de sa baguette, et je tombai dans un profond sommeil.

Quand je m'éveillai, quelques heures plus tard, et que j'entendis la voix des oiseaux dans la chambre voisine, le souvenir de la sœur de Taë, de ses doux regards, et de ses paroles caressantes me revint à l'esprit ; et il est si impossible à un homme né et élevé dans notre monde de se débarrasser des idées inspirées par la vanité et l'ambition, que je me mis d'instinct à bâtir de hardis châteaux en l'air.

— Tout Tish que je suis, — me disais-je, — tout Tish que je suis, il est clair que Zee n'est pas la seule Gy que je puisse captiver. Évidemment je suis aimé d'une Princesse, la première jeune fille de ce pays, la fille du Monarque absolu dont ils cherchent si inutilement à déguiser l'autocratie par le titre républicain de premier magistrat. Sans la soudaine arrivée de cette horrible Zee, cette Altesse Royale m'aurait certainement demandé ma main, et quoiqu'il puisse très bien convenir à Aph-Lin, qui n'est qu'un ministre subordonné, un Commissaire des Lumières, de me menacer de la destruction si j'accepte la main de sa fille, cependant un Souverain, dont la parole fait loi, pourrait forcer la communauté à abroger la coutume qui défend les mariages avec les races étrangères et qui, après tout, est contraire à leur égalité tant vantée. Il n'est pas à supposer que sa fille, qui parle avec tant de dédain de l'intervention des parents, n'ait pas assez d'influence sur son royal père pour me sauver de la combustion à laquelle Aph-Lin prétend me condamner. Et si j'étais honoré d'une si haute alliance, qui sait.... peut-être le Monarque me désignerait-il pour son successeur? Pourquoi non? Peu de gens parmi cette race d'indolents philosophes se soucient du fardeau d'une telle grandeur. Tous seraient peut-être heureux de voir le pouvoir suprême remis entre les mains d'un étranger accompli, qui a l'expérience d'une vie plus remuante; et une fois au pouvoir quelles réformes j'introduirais! Que de choses j'ajouterais avec mes souvenirs d'une autre civilisation à cette vie réellement agréable mais trop monotone. J'aime la chasse. Après la guerre, la chasse n'est-elle pas le plaisir des rois? Quelles étranges sortes de gibier abondent dans ce monde inférieur! Quel plaisir on doit éprouver à voir tomber sous ses coups des animaux que depuis le Déluge on ne connaît plus sur la terre! Comment m'y prendrais-je? Au moyen de ce terrible vril, dans le maniement duquel je ne ferai jamais, dit-on, de grands progrès. Non, mais à l'aide d'un bon fusil à culasse, que ces ingénieux mécaniciens non seulement sauront faire, mais perfectionneront; je suis sûr d'en avoir vu un au Musée. Je crois d'ailleurs que comme roi absolu je serai peu favorable au vril, excepté en cas de guerre. A propos de guerre, il est parfaitement ridicule de resserrer un peuple si intelligent, si riche, si bien armé, dans un territoire insignifiant, suffisant pour dix ou douze mille familles. Cette restriction n'est-elle pas une pure lubie philosophique, en opposition avec les aspirations de la nature humaine, comme l'utopie qui, dans le monde supérieur, a été essayée en partie par feu

M. Robert Owen, et qui a si complètement échoué. Naturellement nous n'irions pas faire la guerre aux nations voisines aussi bien armées que nos sujets ; mais dans ces régions habitées par des races qui ne connaissent pas le vril et qui ressemblent, par leurs institutions démocratiques, à mes concitoyens d'Amérique. On pourrait les envahir sans offenser les nations Vril-ya, nos alliées, s'approprier leur territoire, s'étendant peut-être jusqu'aux régions les plus éloignées du monde intérieur, et régner ainsi sur un empire où le soleil ne se couche jamais. J'oubliais dans mon enthousiasme qu'il n'y a pas de soleil dans ces régions. Quant à leurs préjugés bizarres contre l'habitude d'accorder de la gloire et de la renommée à un individu remarquable, parce que la poursuite des honneurs excite des contestations, stimule les passions mauvaises, et trouble la félicité de la paix, cette doctrine est opposée aux instincts mêmes de la créature, non seulement humaine, mais de la brute, qui, si elle peut s'apprivoiser, devient sensible aux louanges et à l'émulation. Quel renom entourerait un roi qui agrandirait ainsi son empire ! On ferait de moi un demi-dieu.

Je pensai aussi que c'était un autre préjugé fanatique que de vouloir régler cette vie sur la vie future, à laquelle nous croyons fermement, nous autres Chrétiens, mais dont nous ne tenons jamais compte. Je décidai donc qu'une philosophie éclairée me forçait à détruire une religion païenne, si superstitieusement contraire aux idées modernes et à la vie pratique. En rêvant à ces divers projets, je sentais que j'aurais très volontiers usé, pour réveiller mes esprits, d'un bon grog au whisky. Non pas que je sois un buveur de spiritueux, mais pourtant il y a des moments où un léger excitant alcoolique, accompagné d'un cigare, donne plus de vivacité à l'imagination. Oui, certainement, parmi ces herbes et ces fruits il doit en exister un dont on puisse extraire une agréable boisson alcoolique, et avec une côtelette d'élan (ah! quelle insulte à la science de rejeter la nourriture animale que nos plus grands médecins s'accordent à recommander au suc gastrique de l'humanité!) on passerait une heure agréable. Puis, au lieu de ces drames antiques joués par des enfants, certainement, quand je serai roi, j'organiserai un opéra moderne avec un corps de ballet pour lequel on pourra trouver, parmi les nations dont je ferai la conquête, des jeunes femmes moins formidables que ces Gy-ei, par la taille et par leur force, qui ne seront pas armées du vril, et ne voudront pas vous forcer à les épouser.

J'étais si complètement absorbé par ces idées de réforme sociale, politique, morale, et par le désir de répandre sur les races du monde inférieur les bienfaits de la civilisation du monde supérieur, que je ne m'aperçus de la présence de Zee qu'en l'entendant pousser un profond soupir et, levant les yeux, je la vis près de mon lit.

Je n'ai pas besoin de dire que, suivant les coutumes de ce peuple, une Gy peut sans manquer au décorum visiter un An dans sa chambre, mais qu'on regarderait un An comme effronté et immodeste au suprême degré, s'il entrait dans la chambre d'une Gy avant d'en avoir obtenu la permission formelle. Heureusement j'avais encore sur moi les vêtements que je portais quand Zee m'avait déposé sur mon lit. Cependant je me sentis très irrité aussi bien que choqué de sa visite et je lui demandai rudement ce qu'elle voulait.

— Parle doucement, mon bien-aimé, je t'en supplie, — dit-elle, — car je suis bien malheureuse. Je n'ai pas dormi depuis que je t'ai quitté.

— La conscience de votre honteuse conduite envers moi, l'hôte de votre père, était bien faite pour bannir le sommeil de vos paupières. Où était l'affection que vous prétendez avoir pour moi; où était cette politesse dont se vantent les Vril-ya, quand prenant avantage de la force physique, qui distingue votre sexe dans cet étrange pays, et de ce pouvoir détestable et impie que le vril donne à vos yeux et à vos doigts, vous m'avez exposé à l'humiliation, vos visiteurs réunis, devant Son Altesse Royale.... je veux dire devant la fille de votre premier magistrat.... en m'emmenant au lit, comme un enfant méchant, et en me plongeant dans le sommeil, sans me demander mon consentement?

— Ingrat! Me reprocher ce témoignage de mon amour! Penses-tu que sans parler de la jalousie, qui accompagne l'amour jusqu'au moment béni où nous sommes sûres d'avoir gagné le cœur que nous poursuivons, je pouvais demeurer indifférente aux périls que te faisaient courir les audacieuses avances de cette sotte petite fille?

— Permettez! Puisque vous parlez de périls, il convient peut-être de vous dire que vous m'exposez au plus grand des dangers ou que vous m'y exposeriez si je me laissais aller à croire à votre amour et à accepter vos avances. Votre père m'a dit clairement que dans ce cas on me réduirait en cendres, avec aussi peu de remords que Taë a détruit l'autre jour le grand reptile, par un seul éclair de sa baguette.

— Que cette crainte ne t'arrête pas, — s'écria Zee en se jetant à genoux et en saisissant ma main dans la sienne. — Il est bien vrai que nous ne pouvons pas nous marier comme se marient des êtres de la même race; il est vrai que notre amour doit être aussi pur que celui qui, selon notre croyance, existe entre les amants qui se réunissent au delà des limites de cette vie. Mais n'est-ce pas un assez grand bonheur que de vivre ensemble, unis de cœur et d'esprit?

Écoute.... je viens de parler à mon père, il consent à notre union à ces conditions. J'ai assez d'influence sur le Collège des Sages pour être certaine qu'ils prieront le Tur de ne pas intervenir dans le libre choix d'une Gy, pourvu que son mariage avec un étranger ne soit que l'union de leurs âmes. Oh! crois-tu donc que le véritable amour ait besoin d'une grossière union? Je ne désire pas seulement vivre près de toi, dans cette vie, pour y prendre part à tes douleurs et à tes joies; je demande un lien qui m'unisse à toi pour toujours dans le monde des immortels. Me refuseras-tu?

Tandis qu'elle disait ces mots, elle s'était agenouillée et toute l'expression de sa physionomie s'était transformée, et, si elle était encore majestueuse, elle n'avait plus rien de sévère : une lumière divine, comme l'auréole d'un être immortel, illuminait sa beauté mortelle. Mais j'étais plus disposé à la vénérer avec crainte comme un ange qu'à l'aimer comme une femme. Après une pause embarrassée, je balbutiai une réponse évasive qui exprimait ma gratitude et cherchai, aussi délicatement que je le pus, à lui faire comprendre combien ma position serait humiliante au milieu de son peuple dans le rôle d'un mari à qui ne serait jamais accordé le nom de père.

— Mais, — dit Zee, — cette communauté ne constitue pas le monde entier. Non, et d'ailleurs toutes les populations de ce monde ne font pas partie de la ligue des Vril-ya. Pour l'amour de toi, je renoncerai à mon pays et à mon peuple. Nous fuirons ensemble vers quelque région où tu sois en sûreté. Je suis assez forte pour te porter sur mes ailes à travers les déserts qui nous en séparent. Je suis assez habile pour ouvrir un chemin parmi les rochers et y creuser des vallées où nous établirons notre habitation. La solitude et une cabane avec toi seront ma société et mon univers. Ou préférerais-tu rentrer dans ton monde, au-dessus de celui-ci, exposé à des saisons incertaines et éclairé par ces globes changeants qui, d'après le tableau que tu nous en as tracé, président à l'inconstance de ces régions sauvages? S'il en est ainsi, dis un mot, et je t'ouvrirai un chemin pour y retourner, pourvu que je sois avec toi, quand même je devrais là comme ici n'être l'associée que de ton âme, ton compagnon de voyage jusqu'au pays où il n'y a plus ni mort ni séparation.

Je ne pouvais m'empêcher d'être profondément ému par cette tendresse à la fois si pure et si passionnée ; Zee prononçait ces mots d'une voix qui aurait adouci les plus rudes sons de la plus rude langue. Et, pendant un instant, il me vint à l'esprit que je pourrais profiter du secours de Zee pour m'ouvrir une route prompte et sûre vers le monde supérieur. Mais un moment de réflexion suffit pour me montrer combien il serait bas et honteux de profiter de tant de dévouement pour l'entraîner hors d'un pays et d'une famille où j'avais été reçu avec tant d'hospitalité, vers un autre monde qui lui serait si antipathique. Je prévoyais bien aussi que, malgré son amour platonique et spirituel, je ne pourrais renoncer à l'affection plus humaine d'une compagne moins élevée au-dessus de moi. A ce sentiment de mes devoirs envers la Gy s'unissait le sentiment de mes devoirs envers mon pays. Pouvais-je me hasarder à introduire dans le monde supérieur un être doué d'un pouvoir si terrible, qui pouvait d'un seul mouvement de sa baguette réduire en moins d'une heure la ville de New-York et son glorieux Koom-Posh en une pincée de cendres? Si je lui enlevais sa baguette, sa science lui permettrait facilement d'en construire une autre; et tout son corps était chargé des éclairs mortels qui armaient la légère machine. Si redoutable aux cités et aux populations du monde supérieur, pourrait-elle être pour moi une compagne convenable, au cas où son affection serait sujette au changement ou empoisonnée par la jalousie? Ces pensées, qu'il me faut tant de mots pour exprimer, passèrent rapidement dans mon esprit et décidèrent ma réponse.

— Zee, — dis-je de la voix la plus douce que je pus trouver, et pressant avec respect mes lèvres sur cette main dans l'étreinte de laquelle disparaissait ma main captive, — Zee, je ne puis trouver de mots pour vous dire combien je suis touché et honoré par un amour si désintéressé et si prêt à tous les sacrifices. Ma meilleure réponse sera une entière franchise. Chaque pays a ses habitudes. Les habitudes du vôtre ne me permettent pas de vous épouser; celles de mon pays sont également opposées à une union entre des races si différentes. D'autre part, bien que je ne manque pas de courage parmi les miens, ou au milieu des dangers qui me sont familiers, je ne puis, sans un frisson d'horreur, penser à construire notre demeure nuptiale dans un si horrible chaos, où tous les éléments, le feu, l'eau, et les gaz méphitiques sont en guerre les uns contre les autres; où, tandis que vous seriez occupée à fendre des rochers ou à verser du vril dans les lampes, je serais dévoré par un krek, que vos opérations auraient fait sortir de son repaire. Moi, simple Tish, je ne mérite pas l'amour d'une Gy si brillante, si docte, si puissante que vous. Non, je ne mérite pas cet amour, car je ne puis y répondre.

Zee laissa tomber ma main, se redressa, et se détourna pour cacher son émotion; puis elle glissa sans bruit vers la porte et se retourna sur le seuil. Tout à coup et comme saisie d'une nouvelle pensée, elle revint vers moi et me dit tout bas : —

— Tu m'as dit que tu me parlerais avec une

entière franchise. Réponds donc avec une entière franchise à cette question : Si tu ne peux m'aimer, en aimes-tu une autre?

— Certainement non.

— Tu n'aimes pas la sœur de Taë?

— Je ne l'avais jamais vue avant hier au soir.

— Ce n'est pas une réponse. L'amour est plus prompt que le vril. Tu hésites. Ne crois pas que la jalousie seule me pousse à t'avertir. Si la fille du Tur te déclare son amour.... si dans son ignorance elle confie à son père une préférence qui puisse lui faire supposer qu'elle te courtisera, il n'aura pas d'autre choix que de demander ta destruction immédiate, puisqu'il est chargé de veiller au bien de la communauté, qui ne peut permettre à une fille des Vril-ya de s'unir à un fils des Tish-a, par un mariage qui ne se borne pas à l'union des âmes. Hélas! il n'y aurait plus alors d'espoir pour toi. Elle n'a pas des ailes assez fortes pour t'emporter dans les airs; elle n'est pas assez savante pour te créer une demeure dans les déserts. Crois-moi, mon amitié seule parle et non ma jalousie.

Sur ces mots, Zee me quitta. En me rappelant ses paroles je perdis toute idée de succéder au trône des Vril-ya, j'oubliai toutes les réformes politiques, sociales et morales que je voulais introduire comme Monarque Absolu.

XXVI.

Après ma conversation avec Zee, je tombai dans une profonde mélancolie. La curiosité avec laquelle j'avais étudié jusque-là la vie et les habitudes de ce peuple merveilleux cessa tout à coup. Je ne pouvais chasser de mon esprit l'idée que j'étais au milieu d'une race qui, tout aimable et toute polie qu'elle fût, pouvait me détruire d'un instant à l'autre sans scrupule et sans remords. La vie pacifique et vertueuse d'un peuple qui m'avait d'abord paru auguste, par son contraste avec les passions, les luttes et les vices du monde supérieur, commençait à m'oppresser, à me paraître ennuyeuse et monotone. La sereine tranquillité de l'atmosphère même me fatiguait. J'avais envie de voir un changement, fût-ce l'hiver, un orage, ou l'obscurité. Je commençais à sentir que quels que soient nos rêves de perfectibilité, nos aspirations impatientes vers une sphère meilleure, plus haute, plus calme, nous, mortels du monde supérieur, nous ne sommes pas faits pour jouir longtemps de ce bonheur même que nous rêvons et auquel nous aspirons.

Dans cette société des Vril-ya, c'était chose merveilleuse de voir comment ils avaient réussi à unir et à mettre en harmonie, dans un seul système, presque tous les objets que les divers philosophes du monde supérieur ont placés devant les espérances humaines, comme l'idéal d'un avenir chimérique. C'était un état dans lequel la guerre, avec toutes ses calamités, était impossible, un état dans lequel la liberté de tous et de chacun était assurée au suprême degré, sans une seule de ces animosités qui, dans notre monde, font dépendre la liberté des luttes continuelles des partis hostiles. Ici, la corruption qui avilit nos démocraties était aussi inconnue que les mécontentements qui minent les trônes de nos monarchies. L'égalité n'était pas un nom, mais une réalité. Les riches n'étaient pas persécutés, parce qu'ils n'étaient pas enviés. Ici, ces problèmes sur les labeurs de la classe ouvrière, encore insolubles dans notre monde et qui créent tant d'amertume entre les différentes classes, étaient résolus par le procédé le plus simple : ils n'avaient pas de classe ouvrière distincte et séparée. Les inventions mécaniques, construites sur des principes qui déjouaient toutes nos recherches, mues par un moteur infiniment plus puissant et plus gouvernable que tout ce que nous avons pu obtenir de la vapeur ou de l'électricité, aidées par des enfants dont les forces n'étaient jamais excédées, mais qui aimaient leur travail comme un jeu et une distraction, suffisaient à créer une richesse publique si bien employée au bien commun que jamais un murmure ne se faisait entendre. Les vices qui corrompent nos grandes villes n'avaient ici aucune prise. Les amusements abondaient, mais ils étaient tous innocents. Aucune fête ne poussait à l'ivresse, aux querelles, aux maladies. L'amour existait avec toutes ses ardeurs, mais il était fidèle dès qu'il était satisfait. L'adultère, le libertinage, la débauche étaient des phénomènes si inconnus dans cet État, que pour trouver même les noms qui les désignaient on eût été obligé de remonter à une littérature hors d'usage, écrite il y a plusieurs milliers d'années. Ceux qui ont étudié sur notre terre les théories philosophiques savent que tous ces écarts étranges de la vie civilisée ne font que donner un corps à des idées qui ont été étudiées, mises aux voix, ridiculisées, contestées, essayées quelquefois d'une façon partielle, et consignées dans des œuvres d'imagination, mais qui ne sont jamais arrivées à un résultat pratique. Le peuple que je décris ici avait fait bien d'autres progrès vers la perfection idéale. Descartes a cru sérieusement que la vie de l'homme sur cette terre pouvait être prolongée, non jusqu'à atteindre ici-bas une durée éternelle, mais jusqu'à ce qu'il appelle l'âge des patriarches, qu'il fixait modestement entre cent et cent cinquante ans. Eh bien! ce rêve des sages s'accomplissait ici, était même dépassé; car la vigueur de l'âge mûr se prolongeait même au delà de la centième année. Cette longévité était accompagnée d'un bienfait plus grand que la longévité même, celui d'une bonne santé inaltérable. Les maladies qui frappent notre race étaient facilement guéries par le savant emploi de cette force naturelle, capable de donner la vie et de l'ôter, qui est inhérente au vril. Cette idée n'est pas inconnue sur la terre, bien qu'elle n'ait guère été professée que par des enthousiastes ou des charlatans et qu'elle ne repose que sur les notions confuses du mesmérisme, de la force odique, etc. Laissant de côté l'invention presque insignifiante des ailes, qu'on a essayées sans jamais réussir depuis l'époque mythologique, je passe à cette question délicate posée depuis peu comme essentielle au bonheur de l'humanité, par les deux influences les plus turbulentes et les plus puissantes de ce monde, la Femme et la Philosophie. Je veux dire, les Droits de la Femme.

Les jurisconsultes s'accordent à prétendre qu'il est inutile de discuter des droits là où il n'existe pas une force suffisante pour les faire valoir ; et sur terre, pour une raison ou pour l'autre, l'homme, par sa force physique, par l'emploi des armes offensives ou défensives, peut généralement, quand les choses en viennent à une lutte personnelle, maîtriser la femme. Mais parmi ce peuple il ne peut exister aucun doute sur les droits de la femme, parce que, comme je l'ai déjà dit, la Gy est plus grande et plus forte que l'An; sa volonté est plus résolue, et la volonté étant indispensable pour la direction du vril, elle peut employer sur l'An, plus fortement que l'An sur elle, les mystérieuses forces que l'art emprunte aux facultés occultes de la nature. Ainsi tous les droits que nos philosophes féminins sur la terre cherchent à obtenir sont accordés comme une chose toute naturelle dans cet heureux pays. Outre cette force physique, les Gy-ei ont, du moins dans leur jeunesse, un vif désir d'acquérir les talents et la science et, en cela, elles sont supérieures aux Ana; c'est donc à elles qu'appartiennent les étudiants, les professeurs, en un mot la portion instruite de la population.

Naturellement, comme je l'ai fait voir, les femmes établissent dans ce pays leur droit de choisir et de courtiser leur époux. Sans ce privilège, elles mépriseraient tous les autres. Sur terre nous craindrions, non sans raison, qu'une femme, après nous avoir ainsi poursuivi et épousé, ne se montrât impérieuse et tyrannique. Il n'en est pas de même des Gy-ei : une fois mariées elles suspendent leurs ailes, et aucun poète ne pourrait arriver à dépeindre une compagne plus aimable, plus complaisante, plus docile, plus sympathique, plus oublieuse de sa supériorité, plus attachée à étudier les goûts et les caprices relativement frivoles de son mari. Enfin parmi les traits caractéristiques qui distinguent le plus les Vril-ya de notre humanité, celui qui contribue le plus à la paix de leur vie et au bien-être de la communauté, c'est la croyance universelle à une Divinité bienfaisante et miséricordieuse, et à l'existence d'une vie future auprès de laquelle un siècle ou deux sont des moments trop courts pour qu'on les perde à des pensées de gloire, de puissance, ou d'avarice ; une autre croyance ajoute à leur bonheur : persuadés qu'ils ne peuvent connaître de la Divinité que Sa bonté suprême, du monde futur que son heureuse existence, leur raison leur interdit toute discussion irritante sur des questions insolubles. Ils assurent ainsi à cet État situé dans les entrailles de la terre, ce qu'aucun État ne possède à la clarté des astres, toutes les bénédictions et les consolations d'une religion, sans aucun des maux, sans aucune des calamités qu'engendrent les guerres de religion.

Il est donc incontestable que l'existence des Vril-ya est, dans son ensemble, infiniment plus heureuse que celle des races terrestres, et que, réalisant les rêves de nos philanthropes les plus hardis, elle répond presque à l'idée qu'un poète pourrait se faire de la vie des anges. Et cependant si on prenait un millier d'êtres humains, les meilleurs et les plus philosophes qu'on puisse trouver à Londres, à Paris, à Berlin, à New-York, et même à Boston, et qu'on les plaçât au milieu de cette heureuse population, je suis persuadé qu'en moins d'une année ils y mourraient d'ennui, ou essayeraient une révolution par laquelle ils troubleraient la paix de la communauté et se feraient réduire en cendres à la requête du Tur.

Assurément je ne veux pas glisser dans ce

récit quelque sotte satire contre la race à laquelle j'appartiens. J'ai au contraire tâché de faire comprendre que les principes qui régissent le système social des Vril-ya l'empêchent de produire ces exemples de grandeur humaine qui remplissent les annales du monde supérieur. Dans un pays où on ne fait pas la guerre, il ne peut y avoir d'Annibal, de Washington, de Jackson, de Sheridan. Dans un État où tout le monde est si heureux qu'on ne craint aucun danger et qu'on ne désire aucun changement, on ne peut voir ni Démosthène, ni Webster, ni Sumner, ni Wendel Holmes, ni Butler. Dans une société où l'on arrive à un degré de moralité qui exclut les crimes et les douleurs, d'où la tragédie tire les éléments de la crainte et de la pitié, où il n'y a ni vices, ni folies, auxquels la comédie puisse prodiguer les traits de sa satire comique, un tel pays perd toute chance de produire un Shakespeare, un Molière, une Mrs. Beecher Stowe. Mais si je ne veux pas critiquer mes semblables en montrant combien les motifs, qui stimulent l'activité et l'ambition des individus dans une société de luttes et de discussions, disparaissent ou s'annulent dans une société qui tend à assurer à ses citoyens une félicité calme et innocente qu'elle présume être l'état des puissances immortelles ; je n'ai pas non plus l'intention de représenter la république des Vril-ya comme la forme idéale de la société politique, vers laquelle doivent tendre tous nos efforts. Au contraire, c'est parce que nous avons si bien combiné, à travers les siècles, les éléments qui composent un être humain, qu'il nous serait tout à fait impossible d'adopter la manière de vivre des Vril-ya, ou de régler nos passions d'après leur façon de penser ; c'est pour cela que je suis arrivé à cette conviction : Ce peuple, qui non seulement a appartenu à notre race, mais qui, d'après les racines de sa langue, me paraît descendre de quelqu'un des ancêtres de la grande famille Aryenne, source commune de toutes les civilisations de notre monde ; ce peuple qui, d'après ses traditions historiques et mythologiques, a passé par des transformations qui nous sont familières, forme maintenant une espèce distincte avec laquelle il serait impossible à toute race du monde supérieur de se mêler.

Je crois de plus que, s'ils sortaient jamais des entrailles de la terre, suivant l'idée traditionnelle qu'ils se font de leur destinée future, ils détruiraient pour la remplacer la race actuelle des hommes.

Mais, dira-t-on, puisque plus d'une Gy avait pu concevoir un caprice pour un représentant aussi médiocre que moi de la race humaine, dans le cas où les Vril-ya apparaîtraient sur la terre, nous pourrions être sauvés de la destruction par le mélange des races. Tel espoir serait téméraire. De semblables mésalliances seraient aussi rares que les mariages entre les émigrants Anglo-Saxons et les Indiens Peaux-Rouges. D'ailleurs, nous n'aurions pas le temps de nouer des relations familières. Les Vril-ya, en sortant de dessous terre, charmés par l'aspect d'une terre éclairée par le soleil, commenceraient par la destruction, s'empareraient des territoires déjà cultivés, et détruiraient sans scrupules tous les habitants qui essayeraient de résister à leur invasion. Quand je considère leur mépris pour les institutions du Koom-Posh, ou gouvernement populaire, et la valeur de mes bien-aimés compatriotes, je crois que si les Vril-ya apparaissaient d'abord en Amérique, et ils n'y manqueraient pas, puisque c'est la plus belle partie du monde habitable, et disaient : « Nous nous emparons de cette portion du globe ; citoyens du Koom-Posh, allez-vous-en et faites place pour le développement de la race des Vril-ya, » mes braves compatriotes se battraient, et au bout d'une semaine il ne resterait plus un seul homme qui pût se rallier au drapeau étoilé et rayé des États-Unis.

Je voyais fort peu Zee, excepté aux repas, quand la famille se réunissait, et elle était alors silencieuse et réservée. Mes craintes au sujet d'une affection que j'avais si peu cherchée et que je méritais si peu se calmaient, mais mon abattement augmentait de jour en jour. Je mourais d'envie de revenir au monde supérieur ; mais je me mettais en vain l'esprit à la torture pour trouver un moyen. On ne me permettait jamais de sortir seul, de sorte que je ne pouvais même visiter l'endroit par lequel j'étais descendu, pour voir s'il ne me serait pas possible de remonter dans la mine. Je ne pouvais pas même descendre de l'étage où se trouvait ma chambre, pendant les Heures Silencieuses, quand tout le monde dormait. Je ne savais pas commander à l'automate qui, cruelle ironie, se tenait à mes ordres, debout contre le mur ; je ne connaissais pas les ressorts par lesquels on mettait en mouvement la plate-forme qui servait d'escalier. On m'avait volontairement caché tous ces secrets. Oh! si j'avais pu apprendre à me servir des ailes, dont les enfants se servaient si bien, j'aurais pu m'enfuir par la fenêtre, arriver aux rochers, et m'enlever par le gouffre dont les parois verticales refusaient de supporter un pas humain.

XXVII.

Un jour, pendant que j'étais seul à rêver tristement dans ma chambre, Taë entra par la fenêtre et vint s'asseoir près de moi. J'étais toujours heureux des visites de cet enfant, dans la société duquel je me sentais moins humilié que dans celle des Ana, dont les études étaient plus complètes et l'intelligence plus mûre. Comme on me permettait de sortir avec lui et que je désirais revoir l'endroit par lequel j'étais descendu dans le monde souterrain, je me hâtai de lui demander s'il avait le temps de m'accompagner dans une promenade à la campagne. Sa physionomie me parut plus sérieuse que de coutume, quand il me répondit : —

— Je suis venu vous chercher.

Nous fûmes bientôt dans la rue et nous n'étions pas loin de la maison, quand nous rencontrâmes cinq ou six jeunes Gy-ei, qui revenaient des champs, avec des corbeilles pleines de fleurs, et chantaient en chœur en marchant. Une jeune Gy chante plus qu'elle ne parle. Elles s'arrêtèrent en nous voyant, s'approchèrent de Taë avec une gaieté familière, et de moi avec cette galanterie polie qui distingue les Gy-ei dans leurs rapports avec le sexe faible.

Et je puis dire ici que, malgré la franchise de la Gy quand elle courtise un An, rien dans ses manières ne peut être comparé aux manières libres et bruyantes de ces jeunes Anglo-Saxonnes, auxquelles on accorde l'épithète distinguée de *fast* (à la mode), vis-à-vis des jeunes gens pour lesquels elles ne professent pas le moindre amour. Non : la conduite des Gy-ei envers les Ana en général ressemble beaucoup à celle des hommes très bien élevés, dans les salons de notre monde supérieur, envers une femme qu'ils respectent, mais à laquelle ils ne font pas la cour; respectueux, complimenteurs, d'une politesse exquise, ce que l'on peut appeler chevaleresques.

Sans doute je fus un peu embarrassé par les nombreuses politesses par lesquelles ces jeunes et courtoises Gy-ei s'adressaient à mon amour-propre. Dans le monde d'où je venais, un homme se serait trouvé offensé, traité avec ironie, et *blagué* (si un mot d'argot aussi vulgaire peut être employé sur l'autorité des romanciers populaires qui s'en servent aussi librement), quand une jeune Gy fort jolie me fit compliment sur la fraîcheur de mon teint, une autre sur le choix des couleurs de mes vêtements, une troisième, avec un timide sourire, sur les conquêtes que j'avais faites à la soirée d'Aph-Lin. Mais je savais déjà que de tels propos étaient ce que les Français appellent des banalités, et ne signifiaient, dans la bouche des jeunes filles, que le désir de déployer cette aimable galanterie que sur la terre la tradition et une coutume arbitraire ont réservée au sexe mâle. Et, de même que, chez nous, une jeune fille bien élevée et habituée à de pareils compliments, sent qu'elle ne peut sans inconvenance y répondre ou en paraître trop charmée, de même moi, qui avais appris les bonnes manières chez un des Ministres de ce peuple, je ne pus que sourire et prendre un air gracieux en repoussant avec timidité les compliments dont on m'accablait. Pendant que nous causions ainsi, la sœur de Taë nous avait aperçus, paraît-il, d'une des chambres supérieures du Palais Royal, car elle arriva bientôt près de nous de toute la vitesse de ses ailes.

Elle s'approcha de moi et me dit, avec cette inimitable déférence, que j'ai appelée chevaleresque, et pourtant avec une certaine brusquerie de ton que Sir Philip Sidney aurait traitée de rustique dans la bouche d'une personne qui s'adressait au sexe faible : —

— Pourquoi ne venez-vous jamais nous voir?

Pendant que je délibérais sur la réponse à faire à cette question inattendue, Taë dit promptement et d'un ton sévère : —

— Ma sœur, tu oublies que l'étranger est du même sexe que moi. Il n'est pas convenable pour nous, si nous voulons conserver notre réputation et notre modestie, de nous abaisser à courir après ta société.

Ce discours fut reçu avec des marques d'approbation par toutes les Gy-ei présentes ; mais la sœur de Taë parut déconcertée. Pauvre enfant !.... et une Princesse encore !

En ce moment une ombre passa entre le groupe et moi ; en me retournant, je vis le magistrat principal s'avancer vers moi de ce pas tranquille et majestueux particulier aux Vril-ya. En le regardant, je fus saisi de la même terreur que lors de ma première rencontre avec lui. Sur son front, dans ses yeux, il y avait ce même je ne sais quoi indéfinissable qui me faisait reconnaître en lui une race qui devait être fatale à la nôtre ; cette même expression étrange de sérénité exempte de tous les soucis et de toutes les passions ordinaires ; on y lisait la conscience d'un pouvoir suprême et ce mélange de pitié et d'inflexibilité qu'on trouve chez un juge qui prononce un arrêt. Je frissonnai et, m'inclinant, je serrai le bras de Taë et m'éloignai sans rien dire. Le Tur se plaça sur notre chemin, me regarda un instant sans parler, puis tourna tranquillement ses regards vers sa fille, et, avec un salut grave adressé à elle et aux autres Gy-ei, passa au milieu du groupe et s'éloigna sans avoir prononcé un mot.

XXVIII.

Quand Taë et moi nous fûmes seuls sur la grande route qui s'étend entre la cité et le gouffre par lequel j'étais descendu dans ce monde privé de la clarté du soleil et des étoiles, je dis à demi-voix : —

— Mon cher enfant, mon ami, il y a dans la physionomie de votre père quelque chose qui m'effraye. Il me semble voir la mort en contemplant sa sereine tranquillité.

Taë ne répondit pas tout de suite. Il semblait agité et paraissait se demander par quels mots il pourrait m'adoucir une mauvaise nouvelle.

— Personne ne craint la mort parmi les Vril-ya, — dit-il enfin. — La craignez-vous?

— La crainte de la mort est innée dans l'âme

des hommes de ma race. Nous pouvons en triompher à la voix du devoir, de l'honneur, ou de l'amour. Nous pouvons mourir pour une vérité, pour notre patrie, pour ceux qui nous sont plus chers que nous-mêmes. Mais, si la mort me menace ici, maintenant, où sont les motifs qui peuvent contrebalancer la terreur qui accompagne l'idée de la séparation du corps et de l'âme?

Taë parut surpris, et sa voix était pleine de tendresse quand il me répondit : —

— Je rapporterai à mon père ce que vous venez de me dire. Je le supplierai d'épargner votre vie.

— Il a donc décrété ma mort?

— C'est la faute ou la folie de ma sœur, — dit Taë, avec quelque pétulance. — Elle a parlé ce matin à mon père, et après leur conversation, il m'a fait appeler, comme chef des enfants chargés de détruire les êtres qui menacent la communauté, et il m'a dit : « Prends ta baguette de vril, et va chercher l'étranger qui t'est devenu cher. Que sa fin soit prompte et exempte de douleur. »

— Et, — dis-je en tremblant et en m'éloignant de l'enfant, — c'est donc pour m'assassiner que vous m'avez emmené à la campagne ? Non, je ne puis le croire. Je ne puis vous croire capable d'un tel crime !

— Ce n'est pas un crime de tuer ceux qui menacent les intérêts de l'État ; ce serait un crime de détruire le moindre petit insecte qui ne nous ferait aucun mal.

— Si vous voulez dire que je menace les intérêts de l'État parce que votre sœur m'honore de cette sorte de préférence qu'un enfant peut montrer pour un jouet singulier, il n'est pas nécessaire pour cela de me tuer. Laissez-moi retourner vers le peuple que j'ai quitté, par le gouffre qui m'a permis d'entrer dans votre monde. Avec un peu d'aide de votre part, j'en puis venir à bout. Grâce à vos ailes vous pourrez attacher la corde, que vous avez sans doute gardée, au rocher qui m'a servi pour descendre. Faites cela, je vous en prie ; aidez-moi à remonter à l'endroit d'où je suis venu, et je disparaîtrai de votre monde pour toujours et aussi sûrement que si j'étais mort.

— Le gouffre par lequel vous êtes descendu ?.... Regardez; nous sommes juste à l'endroit où il s'ouvrait. Que voyez-vous ?.... Le roc solide et compact. Le gouffre a été fermé par les ordres d'Aph-Lin, aussitôt que des rapports furent établis entre vous et lui, pendant votre sommeil, et qu'il apprit de votre propre bouche ce qu'est le monde d'où vous veniez. Ne vous souvenez-vous pas du jour où Zee me pria de ne pas vous questionner sur vous-même ou sur votre pays? En vous quittant, ce jour-là, Aph-Lin m'aborda et me dit : « Il ne faut laisser aucun chemin ouvert entre le monde de l'étranger et le nôtre, ou les malheurs et les chagrins du sien pourraient descendre parmi nous. Prends avec toi les enfants de ta bande, frappez les parois de la caverne de vos baguettes de vril jusqu'à ce que la chute des rochers ferme toute issue par laquelle la clarté de nos lampes puisse être aperçue. »

Pendant que l'enfant parlait, je regardais avec effroi les rocs noirs qui se dressaient devant mes yeux.

D'énormes masses irrégulières de granit,

montrant par des taches de feu où elles avaient été frappées, s'élevaient du sol à la voûte de la caverne, pas une crevasse !

— Tout espoir est donc perdu, — murmurai-je en m'asseyant sur le bord de la route, — et je ne reverrai plus le soleil.

Je me couvris la figure de mes deux mains et je priai Celui dont j'avais si souvent oublié la présence sous ce ciel qui manifeste sa puissance. Je sentis qu'il était présent dans les profondeurs de la terre et au milieu du monde des tombeaux. Je relevai les yeux, calmé et fortifié par ma prière, et, regardant l'enfant avec un tranquille sourire, je lui dis : —

— Si tu dois me tuer, frappe maintenant.

Taë secoua doucement la tête.

— Non, — dit-il, — l'ordre de mon père n'est pas si absolu qu'il ne me laisse aucun choix. Je lui parlerai et peut-être pourrai-je te sauver. Quelle étrange chose que tu aies cette crainte de la mort que nous pensions être le partage des êtres inférieurs, auxquels la connaissance d'une autre vie n'est pas accordée. Chez nous les enfants même n'ont pas cette peur. Dis-moi, mon cher Tish, — continua-t-il après un moment de silence, — redouterais-tu moins de passer de cette forme de vie à la forme qu'on trouve de l'autre côté de cet instant qu'on appelle la mort, si je t'accompagnais dans ce voyage? Si tu le désires, je demanderai à mon père qu'il me soit permis de te suivre. Je suis de ceux qui doivent émigrer un jour, quand ils seront en âge de le faire, dans un pays inconnu. Je partirais aussi volontiers pour les régions inconnues de l'autre monde. La Bonté Suprême est aussi présente dans celui-là que dans celui-ci. Où ne la trouve-t-on pas?

— Enfant, — dis-je en voyant à la figure de Taë qu'il parlait sérieusement, — tu commettrais un crime en me tuant; mais celui que je commettrais ne serait pas moindre si je te disais : Donne-toi la mort. La Bonté Suprême choisit son moment pour nous donner la vie et pour nous la reprendre. Partons. Si après que tu auras parlé à ton père, il décide ma mort, fais-le-moi savoir aussitôt que tu le pourras, afin que je puisse m'y préparer.

Nous retournâmes à la ville, ne conversant

que par intervalles et à bâtons rompus. Nous ne pouvions nous comprendre l'un l'autre et j'éprouvais pour le bel enfant à la douce voix, qui marchait à mes côtés, le même sentiment qu'éprouve un condamné à mort en marchant à côté du bourreau qui le conduit à l'échafaud.

XXIX.

Vers le milieu des Heures Silencieuses, qui forment les nuits des Vril-ya, je fus réveillé du sommeil agité auquel je venais seulement de m'abandonner, par une main posée sur mon épaule. Je tressaillis; Zee était debout à mes côtés.

— Chut! — dit-elle à voix basse, — que personne ne nous entende. Penses-tu que j'aie cessé de veiller sur toi parce que je n'ai pu obtenir ton amour? J'ai vu Taë. Il n'a rien obtenu de son père qui avait déjà conféré avec les trois sages qu'il appelle en conseil lorsque quelque question l'embarrasse, et par leur conseil il a ordonné que tu sois mis à mort à l'heure où le monde se réveille. Je veux te sauver. Lève-toi et habille-toi.

En disant ces mots, Zee me montra, sur une table près de mon lit, les vêtements que je portais à mon arrivée et que j'avais échangés contre le costume plus pittoresque des Vril-ya. La jeune Gy se dirigea alors vers la fenêtre et sortit sur le balcon, pendant que tout étonné je passais rapidement mes vêtements. Je la rejoignis sur le balcon ; son visage était pâle et rigide. Elle me prit par la main et me dit doucement : —

— Vois comme l'art des Vril-ya a brillamment illuminé ce monde. Demain, il sera obscur pour moi.

Sans attendre ma réponse, elle me ramena dans la chambre, puis dans le corridor, et nous descendîmes dans le vestibule. Nous passâmes le long des rues désertes et de la route qui conduisait aux rochers. Dans ce monde où il n'y a ni jour, ni nuit, les Heures Silencieuses sont d'une solennité inexprimable, tant la vaste étendue illuminée par l'art des mortels est dénuée de tout bruit, de tout signe de vie. Malgré la légèreté de nos pas, le bruit qu'ils faisaient semblait choquer l'oreille et troubler l'harmonie de l'universel repos. Je devinais que Zee, sans me le dire, s'était décidée à m'aider à retourner vers le monde supérieur et que nous nous dirigions vers le lieu où j'étais descendu. Son silence me gagnait et m'empêchait de parler. Nous approchions du gouffre. Il avait été rouvert; il ne présentait pas, il est vrai, le même aspect qu'au moment de ma descente, mais, au milieu du mur massif que m'avait montré Taë, on avait frayé un nouveau passage, et le long de ses flancs carbonisés brillaient encore quelques étincelles; de petits tas de cendres se refroidissaient en tombant. Je ne pouvais cependant en levant les yeux pénétrer l'obscurité que jusqu'à une faible hauteur; je demeurais épouvanté, me demandant comment je pourrais accomplir cette difficile ascension.

Zee devina ma pensée.

— Ne crains rien, — dit-elle, avec un faible sourire, — ton retour est assuré. J'ai commencé ce travail avec les Heures Silencieuses et quand tout le monde dormait. Sois sûr que je ne me suis pas arrêtée jusqu'à ce que la route te fût ouverte. Je t'accompagnerai encore un peu de temps. Nous ne nous séparerons que lorsque tu me diras : — Va, je n'ai plus besoin de toi.

Mon cœur tressaillit de remords à ces mots.

— Ah ! — m'écriai-je, — que je voudrais que tu fusses de ma race ou que je fusse de la tienne, je ne dirais jamais : Je n'ai plus besoin de toi !

— Sois béni pour ces paroles, je m'en souviendrai quand tu seras parti, — me répondit tendrement la Gy.

Pendant ce court dialogue, Zee s'était détournée, le corps incliné et la tête penchée sur sa poitrine. Elle se releva alors de toute sa hauteur et se plaça devant moi. Elle avait allumé le cercle qui entourait sa tête et il étincelait comme une couronne d'étoiles. Son visage, tout son corps, et l'atmosphère environnante étaient éclairés par la lumière de ce diadème.

— Maintenant, — dit-elle, — passe tes bras autour de moi, pour la première et la dernière fois. Allons, courage, et attache-toi fermement à moi.

Tandis qu'elle parlait, ses vêtements se gonflèrent, ses ailes s'étendirent. Je me serrai contre elle et elle m'emporta au travers du terrible gouffre. La lumière étoilée de sa couronne éclairait les ténèbres autour de nous. Le vol de la

Gy s'élevait, doux et puissant, comme celui d'un ange qui s'envole vers le ciel emportant une âme qu'il vient d'arracher à la mort.

Enfin j'entendis à distance le murmure des voix humaines, le bruit du travail humain. Nous fîmes halte sur le sol d'une des galeries de la mine, et au delà je voyais briller de loin en loin la lumière faible et pâle des lampes de mineurs. Je relâchai mon étreinte. La Gy m'embrassa sur le front, avec passion, mais comme une mère pourrait le faire, et me dit, pendant que les larmes coulaient de ses yeux : —

— Adieu pour toujours. Tu ne veux pas me laisser entrer dans ton monde, tu ne pourras jamais revenir dans le nôtre. Avant que les miens aient secoué le sommeil, les rochers se seront refermés et ne seront rouverts ni par moi, ni par personne, avant des siècles dont on ne peut encore prévoir le nombre. Pense à moi quelquefois avec tendresse. Quand j'atteindrai la vie qui s'étend au delà de cette courte portion de la durée, je te chercherai. Là aussi, peut-être, la place assignée à ton peuple sera séparée de moi par des rochers et des gouffres, et peut-être n'aurai-je plus le pouvoir de m'ouvrir un chemin pour te retrouver comme j'en ai ouvert un pour te perdre.

Elle se tut. J'entendis le bruit de ses ailes, semblable à celui que font les ailes du cygne, et je vis les rayons de feu de son diadème disparaître dans l'obscurité.

Je m'assis un moment, rêvant avec tristesse; puis je me levai et me dirigeai lentement vers l'endroit où j'entendais des voix. Les mineurs que je rencontrai m'étaient étrangers et d'une autre nation que la mienne. Ils se retournèrent pour me regarder avec quelque surprise, mais voyant que je ne pouvais leur répondre dans leur langue, ils se remirent à l'ouvrage et me laissèrent passer sans plus m'inquiéter. Enfin j'arrivai à l'ouverture de la mine, sans être troublé par d'autres questions, si ce n'est par un surveillant qui me connaissait et qui heureusement était trop occupé pour causer avec moi. J'eus soin de ne pas retourner à mon premier logement, où je n'aurais pu échapper aux questions, et où mes réponses auraient paru peu satisfaisantes. Je regagnai sain et sauf mon pays, où je suis depuis longtemps paisiblement établi ; je me lançai dans les affaires, d'où je me suis retiré, il y a trois ans, avec une fortune raisonnable. Je n'ai guère eu l'occasion ou la tentation de raconter les voyages et les aventures de ma jeunesse. J'ai été, comme tant d'autres, déçu dans mes espérances d'amour et de bonheur domestique ; souvent, dans la solitude de mes nuits je pense à la jeune Gy et je me demande comment j'ai pu repousser un tel amour, de quelques périls qu'il me menaçât, de quelques difficultés qu'il fût entouré. Seulement, plus je pense à un peuple qui se développe lentement dans des régions qui s'étendent hors de notre vue et sont regardées comme inhabitables par les sages de notre terre, à cette puissance qui dépasse toutes nos forces combinées, et à ces vertus qui deviennent de plus en plus contraires à notre vie politique et sociale, à mesure que notre civilisation fait des progrès, plus je prie Dieu que des siècles s'écoulent avant l'apparition de nos inévitables destructeurs. Cependant mon médecin m'ayant dit franchement que j'étais atteint d'une maladie qui, sans me faire beaucoup souffrir, sans me faire sentir ses progrès, peut à tout moment m'être fatale, j'ai cru que mon devoir envers mes semblables m'obligeait à écrire ce récit pour les avertir de la venue de la Race Future.

FIN.

www.ingramcontent.com/pod-product-compliance
Lightning Source LLC
Chambersburg PA
CBHW060653170426
43199CB00012B/1773